はじめに

　子どもたちにとって、はじめて触れる材料や用具は好奇心に溢れる未知の世界への入り口です。心が動いた思いを、力いっぱい表現できたときの感動は、いつまでも色褪せることはありません。だから、子どもの描画や造形活動の場面で、このはじめての体験はいつもドラマチックでありたいと思います。

　私たちの普段の生活の中にある何気ない身近な材料も、保育の工夫次第で造形活動の主役になっていきます。子どもは、材料を手に取って触れてみることで、その性質の面白さや特徴、使い方を、何度も何度も試しながら理解していきます。

　題材の目的が異なると、材料や用具の扱い方も変化していきます。年齢によって、いろいろな材料を組み合わせてみたり、クラス全体で取り組むなどの活動に展開していきます。題材に関する様々な事象に触れることを大切にし、表現したくなるような造形環境を整え、製作意欲を刺激するような言葉がけが大切です。

　本書は、乳幼児期の子どもたちに触れてほしい造形の基礎的な材料や用具の扱いについて綴られています。一つの材料をもとに、いろいろな形に展開するアイデアブックとして活用いただければ幸いです。

目次

はじめに ・・ 01
目次 ・・・ 02〜03
乳幼児の造形活動と材料・用具 ・・・・・・・・・・・・・・・・・・・・・ 04〜06

材料

紙
- 色紙（折り紙） ・・・・・・・・・・・・・・・・・・・・・・・・・・・・・・・・・ 08〜09
- 画用紙・色画用紙 ・・・・・・・・・・・・・・・・・・・・・・・・・・・・・・ 10〜11
- 薄い紙の仲間たち（お花紙・クレープ紙・新聞紙・障子紙・コーヒーフィルタ） ・・・ 12〜15
- 紙コップ ・・・・・・・・・・・・・・・・・・・・・・・・・・・・・・・・・・・・・ 16〜17
- 紙皿 ・・・ 18〜19
- 段ボール・カラー段ボール ・・・・・・・・・・・・・・・・・・・・・・・ 20〜21

自然材料
- どんぐり・小枝・まつぼっくり・落ち葉 ・・・・・・・・・・・・・・ 22〜27
- 小石 ・・・ 28〜31

身近な材料
- 糸（毛糸・凧糸・水糸・テグス・綴り紐） ・・・・・・・・・・・・ 32〜33
- 布（不織布・フェルト） ・・・・・・・・・・・・・・・・・・・・・・・・・・ 34〜35
- 牛乳パック ・・・・・・・・・・・・・・・・・・・・・・・・・・・・・・・・・・・ 36〜37
- ペットボトル・ペットボトルキャップ ・・・・・・・・・・・・・・・・ 38〜39
- スチレンボード ・・・・・・・・・・・・・・・・・・・・・・・・・・・・・・・・ 40〜41
- セロファン ・・・・・・・・・・・・・・・・・・・・・・・・・・・・・・・・・・・ 42
- ポリエチレンテープ ・・・・・・・・・・・・・・・・・・・・・・・・・・・・ 43
- ポリ袋 ・・・・・・・・・・・・・・・・・・・・・・・・・・・・・・・・・・・・・・ 44〜45
- アルミホイル ・・・・・・・・・・・・・・・・・・・・・・・・・・・・・・・・・ 46〜47

身近な材料		
	アイロンビーズ	48〜49
	カラーモール	50〜51

粘土		
	粘土（片栗粉粘土・米粉粘土・油粘土・紙粘土・土粘土）	52〜63

飾る		
	メタリックテープ・メッキテープ	64〜65
	マスキングテープ	66〜67
	ビニールテープ	68〜69
	事務シール	70

用具

くっつける		
	セロハンテープ	72〜73
	粘着テープ	74〜75
	のり	76〜77
	接着剤	78〜79
	ステープラー	80〜81

描く		
	絵の具	82〜83
	サインペン・マーカー	84〜85

切る		
	クラフトパンチ	86〜87
	カッターナイフ	88〜89
	はさみ	90〜93

照らす		
	ブラックライト	94〜95

奥付	96

乳幼児の造形活動と材料・用具

造形活動における材料・用具を、子ども・大人を含めた三項関係という視点で捉えてみましょう。三項関係とは、「子ども－もの－大人」という構造です。「もの」にあたる材料・用具は、子ども同士や子どもと大人で共有されています。三項関係では、子どもと大人相互のコミュニケーションが成立していることが重要です。

造形活動の三項関係

「知りたい、やってみたい」気持ちを育てる

子どもの造形活動で用いる材料・用具は、保育者から見れば、なじみがあったり、操作は当たり前に感じるかもしれません。しかし、子どもにとっては、はじめて出会うものは全て新鮮で、発見の連続です。

造形活動の支援や指導において重要な視点は、環境を通して子どもが試行錯誤することを楽しむ中で、造形活動における興味や関心をもったり、進んで表現したりしながらいろいろな造形に触れるといった心情を育てることです。そのためには、「できるようにすること」を達成目標としないで「知りたい、やってみたい」という気持ちを育てていくことが重要です。

ですが、造形活動の指導でありがちなのは、「これはこうするとこうなるよ」「これをしてはいけませんよ」という言葉がけです。知っていることや保育者の願いを子どもに伝えることも必要ですが、子どもの「知りたい、やってみたい」という気持ちを育てるためには、子ども自身が試行錯誤を楽しみながら「気付き、発見する」ことが重要です。

とは言え、子どもにのびのびと造形を楽しんで欲しいと心で思ってみても、なかなか実現は難しいものです。全てのことを子どもにまかせることは安全面からもできませんが、「この部分は子どもにまかせてみよう」という気持ちを心のどこかに持ちながら実践することは、持たずに実践するよりも、子どもたちの自立心や思考力の育ちによい影響を与えます。

環境による教育・遊びを通した豊かな学び

保育者が伝える材料や用具の基礎・基本

　造形活動で使う材料は、手を大きく動かして描くことができる画用紙や、弱い力でもちぎったり、折ったりできる色紙、何度でもやり直しができる粘土などがあります。こうした材料を加工する用具には、クレパスや絵の具、はさみ、のりなどがあり、いずれも造形表現における基礎・基本的な用具です。粘土べらの代わりになるスプーンやフォークは、どの家庭でもある日用品で造形用具として使うことができます。

　材料・用具の使い方は、成長とともに自然に身に付くものではありません。直接手で触れて、繰り返し使うことを通して、特徴を理解したり、安全な操作が身に付いたり、用途にあった扱いができるようになるのです。

　造形活動で使う材料・用具は、活動の目的や子どもの発達に応じて、指導者である保育者が見通しをもって用意する必要があります。そのためには、保育者自身も材料・用具の基礎・基本的な扱い方を知り、必要に応じてそれらを選択する力が求められます。実践の手順・方法の検討、材料・用具の選択、子どもの活動が発展するような環境構成という3つの要素がよりよい実践につながります。

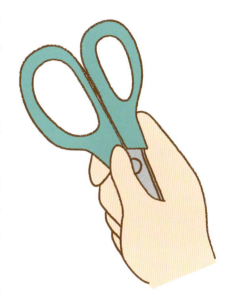

平成29年3月告示　各要領・指針の改定を受けた造形活動の課題

　平成29年告示の幼稚園教育要領・保育所保育指針・幼保連携型認定こども園教育・保育要領では、「資質・能力」という捉え方が示されました。この「資質・能力」は「知識及び技能の基礎」（何を知っているか、何ができるか）、「思考力、判断力、表現力などの基礎」（知っていること・できることをどう使うか）、「学びに向かう力、人間性など」（どのように社会・世界と関わり、よりよい人生を送るか）という柱で構成されています。また、「幼児期の終わりまでに育ってほしい10の姿」という子どもの育ちの具体的イメージも示されています。「幼児期の終わりまでに育ってほしい10の姿」の項目で、主に造形活動に関するのは「豊かな感性と表現」です。そこには次のように記されています。（幼稚園教育要領「平成29年告示」(2017年)フレーベル館 P7.8より）

　心を動かすできごとに触れ感性を働かせる中で、さまざまな素材の特徴や表現の仕方などに気付き、感じたことや考えたことを自分で表現したり、友達同士で表現する過程を楽しんだりし、表現する喜びを味わい、意欲を持つようになる。

造形表現において子どもが主体的に活動に関わるためには、子どもの興味や関心がどこにあるか理解することが重要です。それは、材料・用具といった「もの」であったり、表現したいなという「こと」であったりします。こうした気持ちは、遊びを通して育っていきます。この動機を具体的な行動に結び付けるためには、気付いたことや感じたことを言葉に出してみたり、自分が心地よい、楽しいと感じる経験を友達や大人と共有することが重要です。この思い出や喜びが大きいほど、豊かな経験となって記憶の中に深く根を下ろし、表現をしたいという欲求となっていくのです。

　のびのびとした表現活動は、最初の動機である豊かな経験がなければ実現しません。材料・用具は、こうした思いを行動に移す際のツールです。ものごとに取り組む意欲や集中力は、楽しさの追究によって得られるものであることを、指導する際にはいつも意識したいものです。

一人一人の子どもの気持ちに寄り添った活動の重要性

　幼児期の特別な配慮を必要とする子どもへの対応や、従来の小学校低学年への接続、主体的・対話的で深い学びが課題となる中で、「養護及び教育を一体的に行う保育」は、3歳未満児の造形表現の重要性についても改めて捉える必要があります。

　言葉で自分の気持ちを十分に伝えることができない乳児期において、保育者は行為やしぐさから子どもの気持ちをくみ取っていく力が要求されます。造形活動の場面を例にとれば、材料に触れて遊んだ後に手を拭いてあげる、安全な環境を整えるといった養護の側面と、子どもが主体的に関わる活動において、用具の使い方などを理解し、基礎的なことができるようになるといった教育の側面とが一体となった視点が重要です。

　乳幼児期の造形活動は、その対象が幼児に向けられがちですが、乳児や知的障がいなどをもつ子どもの「感情表出」による造形的な行為も「表現」です。そのためには一人一人の子どもの特性や行為から意志や気持ちの育ちを感じとり、子どもの欲求に沿った題材や材料、アプローチの仕方を絶えず検討することが求められることでしょう。

材料

材料 色紙（折り紙） 紙

> **育ちのポイント**
> ● 紙を折る手順を覚えたり、折り図を理解して折り目に合わせて折れるようになったら、少し難しい題材に挑戦するようにしましょう。
> ● 色紙を色の材料として使ったり、折る回数が少ない題材から活動を始めることで、やってみたいという気持ちをもてるようにします。

使い方

色紙は紙の厚みが薄いため、折ったり、切ったり、のりなどを使って貼るような工作には最適な素材です。

折る
色紙には着色面と無着色面があり、折り目によってできる2色のコントラストが造形的な美しさになります。
折って作ったものを描画と合わせた表現もできます。

ちぎる・切る
色紙を手でちぎったり、はさみで切ることで様々な表現を楽しむことができます。色紙は紙が薄いため、重ねて切ることもできます。

折り紙が苦手な子どもには？
折り目をつけることが苦手な子どもや、発達に課題をもつ子どものための折り紙（折り目が分かりやすいように模様になっている大型折り紙）などもあります。色味が美しいので、線にそって切るといった実践でも使えそうです。

紙の漉き目について

見分け方
縦目（曲がりにくい）
横目（曲がる）
紙の漉き目の方向によって「縦目」「横目」と呼び分けます。それぞれの特徴を使い分けましょう。

真っ直ぐ切れる　真っ直ぐ切れない

折る
紙を折ってみましょう。折り目がきれいな向きとガタガタになる向きがあります。

ちぎる
紙をいろいろな角度でちぎってみましょう。紙のちぎれ方が真っ直ぐになる方向があります。

立ちやすい

縦目 丸めにくいがバネ状になる

しなやかに屋根状になる

丸めやすく、上からの力に強い

縦目を使う
紙の強さを生かして、立てたり支える場合は、縦目を使います。紙が折れにくくなります。

横目を使う
紙を丸めたりするには、漉き目を横にすると、柔らかさやしなやかさを生かすことができます。

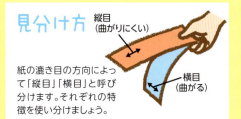

種類

色紙を使った造形の起源は、諸説があり定かではありませんが、紙を折って作る造形は和紙の製造と関係していると言われています。
いろいろな種類の色紙があり、用途や目的に応じて用いることで造形表現に広がりが生まれます。

色紙のサイズ
折り紙活動で使われる色紙の大きさは、縦横15cmのものが一般的に使われるものです。

色紙の形
正方形の色紙以外にも長方形や丸型のものもあります。折り図などで示されているものは、正方形のものを多く見ます。折りの回数が多い場合は大きめの紙を使う方がよいでしょう。長方形や丸型のものは、折って作る活動に加えて正方形の色紙と組み合わせた使い方を考えてみましょう。

表現遊びのアイデア

色紙をつくってみよう
折り紙の大きさに切ることができる！

和紙を使って作った染め紙を正方形に切るとオリジナルの色紙として使うこともできます。スパッタリングやマーブリングなどの平面技法を使って色紙作りに挑戦してみましょう。

材料 画用紙・色画用紙 \紙/

育ちのポイント
- 絵を描いたり、工作をする材料として幅広く使われます。目的に応じた紙の大きさや色、厚みを選ぶことが重要です。紙の大きさや色から、描きたいことや作りたいものが思い浮かびます。
- 手でちぎったり折ったりする遊びの活動から、紙をつなげて体全体を使った活動へと展開してみましょう。

使い方

描画活動としての活用は？

画用紙の大きさや色の選び方

1、大きな紙から小さな紙へ
子どもの絵の育ちにおいて表れる「なぐりがき期」では、肩や腕などを使って大きく円を描く姿が見られます。この時期は筆圧の調節が未発達なため、描画の行為の痕跡がはっきりと分かる画材や大きめの紙を使うとよいでしょう。また、発達の段階や活動目的・使う描画材に応じて、小さな紙を選ぶのも方法の一つです。

2、子どものイメージが広がる色を選んでみよう
子どもの中のイメージを広げる助けとして色画用紙を使うことがあります。
例：プール活動の絵を描くとき、水色の画用紙を選ぶ。
　　画用紙の色から好きなものを連想する。など

3、表現したいものが目立つような色を選んでみよう
雪が積もったときの思い出を絵で表現する場合、白い画用紙に白いクレパスや絵の具を使わず、描きたいものや作りたいものの色が引き立つような画用紙の色を選ぶ方法があります。

絵の題材の作り方

絵の題材は、以下のように大きく5つに分類することができます。
1. 遊びの絵 …………………絵の具遊びなど、描画材を使った遊びから生まれる絵
2. 構成遊びの絵 ……………シールや色紙、お花紙など、材料として用意されたものを画面に構成して作る絵
3. 生活の絵 …………………観察など日常的なできごとを題材にした絵
4. 行事など思い出の絵 ……季節や生活における行事（芋掘りや運動会など）を題材にした絵
5. 空想・想像の絵 …………おはなしや絵本の内容からイメージされる絵

いずれにしても、描画材料に触れることで偶然生まれる形や色の面白さ、描いてみたくなるようなできごと、友達との思い出など、生活における豊かな経験が、子どもの思いやこだわりを育てることにつながります。描画活動の支援において、子どもの思いやこだわりを受け止め、興味や関心をもっていることを大切にした題材作りを心がけることが重要です。

使い方

工作としての活用は?

白い画用紙は描画活動で、色画用紙は描画活動に加えて比較的工作などの活動にも使われています。どちらの紙も、再生紙があり安価なものが市販されています。

紙の厚み「薄口」と「厚口」の選び方

紙の厚みも薄口と厚口があります。台紙などの用途に使う場合は厚口を、折ったり曲げたりするような場合は薄口を使うとよいでしょう。

接着の方法

幼児の場合、でんぷんのりを使います。水分を多く含むため、付け過ぎると紙が波打って乾燥が遅くなるので注意が必要です(のりの使い方はP.76を参照)。
スティックのり(強力タイプ)や木工用接着剤などを用いることで、きれいに貼ることができます。スティックのりは、接着の強さが弱いものもあるので、貼って剥がすこともできます。

表現遊びのアイデア

色画用紙の再利用

工作などで画用紙・色画用紙を使うと、不定形なものが活動の後に残ります。また、壁面構成などで一定期間展示したものは撚れて、工作には使いづらいものもあります。こうしたものも捨てないで再利用する方法があります(P.42、44、95も参照)。

残った切れ端を…
シュレッダーにかける
型抜きの台紙に

シュレッダーで粉砕して色のチップを作って再利用！

小さくなって使えなくなった紙は同系色で集め、まとめてシュレッダーをしてみましょう。白い画用紙や灰色、黒はどの色にも混ぜても使うことができます。

でんぷんのりを混ぜて、粘土のようにも使えます。

ラミネート加工をしてから、丸く切り抜いています。

同じ大きさの箱を用意して色ごとに使い終わった紙を入れるようにします。色が混ざらないように箱の数を用意したり、箱の外側に集めて入れて欲しい色を貼っておくとよいでしょう。

材料 　紙

薄い紙の仲間たち
お花紙・クレープ紙・新聞紙・障子紙・コーヒーフィルタ

育ちのポイント
- 造形活動で使う薄い紙の特徴を生かして、偶然でできる色の組み合わせを楽しみましょう。
- 家庭にある薄い紙を使って、ダイナミックな活動や染め紙の面白さに触れてみましょう。

種類

乳幼児の造形活動で、よく使われる紙の中で、画用紙よりも厚みが薄い紙は次のようなものがあります。

造形活動で使う薄い紙の仲間たち
お花紙　薄葉紙　クレープ紙　でんぐり紙
書道紙　板締和紙　トレーシングペーパー
トランスパレント紙　色紙　など

家庭にある薄い紙の仲間たち
ティッシュペーパー　新聞紙　コーヒーフィルタ
油こし紙　クッキングシート　障子紙
キッチンペーパー　など

造形活動で使う薄い紙で遊んでみよう

使い方

ちぎる　ちぎる活動では、ふんわりとした紙の感じを生かすことができます。

まるめる　薄い紙は、手で簡単に丸めることができます。いろいろな色の紙を手で丸めてみましょう。優しく丸めるとふんわりとした丸に、力を入れると小さくて硬い丸になります。

かさねる　紙が色を透過するため、重ねることで豊かな色が生まれます。

そめる　紙が絵の具などを吸収しやすいため、折った後に色水を吸い上げて広げると美しいグラデーションが作れます。

表現遊びのアイデア

造形活動で使う薄い紙に共通することは、紙の厚みが薄く柔らかいために水分の影響を大きく受けます。
この性質を生かして水に溶かして遊んだり、加工に力が要らないので低年齢児から年長まで幅広く使うことができます。
また、紙の繊維が長いとちぎれにくいという特徴もあります。

お花紙の色を楽しむ

お花紙を細かく「ちぎって」粘土に混ぜてみましょう。

光をかざすと柔らかい光に、色を重ねることで変化を楽しむ材料になります。

お花紙を「重ねて」作ってみましょう。

花子ちゃん

重ねたお花紙を「花子ちゃん」に挟んで操作をすると、簡単にお花飾りを作ることができます。

クレープ紙を使って

お花紙のような和紙に近い風合いをもつ紙素材にクレープ紙があります。クレープ紙は、シワが入っており伸縮性が高い紙です。シワを伸ばすと、元の大きさよりも1.5倍程度長くなります。クレープ紙のシワは、光に当たるといろいろな影ができて立体的な表情ができます。このシワに沿って手でちぎると簡単に紙が裂けます。反対に、シワに交差する方向には破れにくいという性質があります。また、お花紙よりも色の種類や大きさが豊富であることも特徴の一つです。

こんなに伸びます

クレープ紙で色水遊び?
クレープ紙は様々な色のものがあります。染料を含んでいるものは水で色を調整したり、水に浸けることで色水を抽出できます(染料が定着されていないものに限ります)。

家庭にある薄い紙で遊んでみよう

日用品として使われている薄い紙は、素材自体に色は少ないのですが、安価で大量に集めることができます。

使い方

新聞紙は3歳未満児の子どもがダイナミックに遊ぶことができる材料です。

色を楽しむ

新聞紙をくしゃくしゃに丸めたものに絵の具を付けてスタンプにしてみましょう。
大きさの違う新聞紙といろいろな絵の具を用意すると楽しいスタンプ遊びができます。

細かくしたもので遊ぶ

シュレッダーで新聞紙を細かくして、柔らかさを楽しみましょう。
シュレッダーの種類は、ストレートカット（長く細断）、クロスカット・スパイラルカット（短く細断）があります（P.11、44も参照）。

音で楽しむ

ゆっくりちぎったり、早く力強くちぎるといろいろな音を楽しむことができます。
また、1枚の新聞紙を広げて勢いよく扇いでみたり、手でくしゃくしゃに丸めることで生まれる音に耳を澄ませてみましょう。
造形的な遊びと音遊びを組み合わせた楽しい実践につながることでしょう。

紙の漉き目があるため、文字の方向（縦方向）へは手で真っ直ぐに裂くことができます。逆に、横方向はちぎりにくいという性質があります（紙の漉き目はP.8を参照）。

棒状にしたもので遊ぶ

棒状の新聞紙を曲げて輪っかにしてみたり、棒をつないで長くすることもできます。
3本を組み合わせて床に立ててみるなど、いろいろな形作りを楽しんでみましょう。
子ども同士、子どもと大人が協力し合って大きな製作活動につながるように考えてみましょう。

新聞紙の角から丸めて棒状にしてみましょう。
2枚くらい新聞紙を重ねて、折り目のところから棒になるように丸めることもできます。
太い棒を作るには、トイレットペーパーなどの紙芯を使うとよいでしょう。
丸めた新聞紙がほどけないようにセロハンテープを使って留めていきます。

表現遊びのアイデア

体全体を使った遊び

新聞紙など大量に集めることができる薄い紙は、全身で関わる活動につながっていきます。

にじみ遊び

薄い紙は水を吸いやすいので、インクや絵の具、マーカーで描いた上から水を染みこませると、にじみがある味わい深い紙に変身します。

障子紙を染めて楽しむ

障子紙をA5サイズくらいの大きさに切って、色染め遊びをすることもできます。色染めには食紅を使うとよいでしょう。水性マーカーと組み合わせても面白い表現ができます。

ペンと色水を組み合わせています。

コーヒーフィルターで作る

白いコーヒーフィルターと水性マーカー、食紅などを使ってチョウチョを作ってみましょう。
フィルターの真っ直ぐな辺をはさみで切っておいて重ねた状態にしておきます。
マーカーで模様を描いて筆で水を垂らせば、にじみが出てきます。
食紅を使って色水を作り、綿棒で色をおいてもお花のようににじみを作ることができます。

材料 紙 紙コップ

育ちのポイント
●紙コップは、サイズが小さなものから色付きのものまで様々な種類があります。低年齢児では、ひっくり返して積み木のように積み上げたり壊したりして遊んだり、年齢が高くなれば切ったり、色を塗るなどしておもちゃ作りにも適した材料です。

使い方

着色は？

紙コップは防水処理をされているものが多いので着色、接着する際は用具を選びましょう。

マーカー
油性マーカーは容器の内側にも描くことができ、透明カップにも有効です。染料系では透明感を生かした表現、顔料系は不透明なので、はっきりした表現ができます。

絵の具
マット水彩、ポスターカラー、アクリルガッシュなどが使えます。
容器の内側は防水加工がされてるので、水溶性の絵の具などは使えません。

色紙などを貼って
色紙は紙が薄いため、湾曲した面に貼るのに適しています。テープやのり、ボンドタッチで貼るとよいでしょう。

接着は？

紙コップ同士の接着は、様々なテープ類のほか、ステープラーも使えます。また、透明カップは一般的なのりが使えません。セロハンテープや両面テープ、多用途接着剤（ボンドタッチなど）を使うといろいろな素材と一緒に使うことができます。

ステープラーの針で怪我をしないように**セロハンテープやシール、画用紙などを使って針が隠れるように**するとよいでしょう。

造形用具としての活用は？

型紙として
紙コップの口径を使うといろいろな大きさの円を描くことができます。
色紙を4つに折った大きさは約205㎖（7オンス）の紙コップの口径を当てると、1枚の色紙から4つの丸を切り抜くことができます。

種類

紙コップの大きさは、中に入る液量としてオンス（表記はfl oz）またはmlで表記されています。試飲程度の小さなものから1ℓ程度のものまで様々あります。プラスチックの透明カップなども造形活動の材料としてよく使われます。

サイズ比較

- 3オンス（約90ml）
- 5オンス（約150ml）
- 標準サイズ 7オンス（約205ml）
- 9オンス（約275ml）

紙コップの内側は防水性が高く、標準サイズのものは色や模様が比較的豊富です。

※メーカーよっては様々な大きさのものがあります。また同じ大きさでもコップの口径や高さが若干の違いがあります。また、透明カップの表面の滑り止め形状も若干異なります。

表現遊びのアイデア

数や素材の特徴を生かして並べる・つなぐ・積むなどの造形的な遊びや、おもちゃや楽器など立体表現の材料としても使うことができます。

材料 紙

紙皿

> **育ちのポイント**
> ● 紙皿は上にものを乗せたり、集めて遊んだり、はさみで切ったり、別の素材と組み合わせることで、低年齢児から年長まで幅広く使うことができる材料です。
> ● 色を混ぜる用具としても活用できます。

使い方

着色は？

マーカー・絵の具

油性マーカーによる着色が向いています。絵の具は、工作ポスターカラー、アクリルガッシュを水分少なめに溶くと発色が鮮やかになります。

粘着カラーテープ

マーカーや絵の具の代わりに、マスキングテープや事務シールを使うこともできます。

接着は？

紙皿を使った工作では、2枚の紙皿同士を接着したり、波形の部分に色紙や木の実、葉っぱなどを貼ったりします。
主に接着剤やテープ、ステープラーで貼り付けましょう。防水加工をしていない紙皿の面には、でんぷんのりで接着ができます。

立体的になっている部分への接着

木工用接着剤や多用途接着剤（ボンドタッチなど）が適しています。

紙皿同士の接着

セロハンテープやビニールテープ、ステープラー、両面テープが適しています。

造形用具としての活用は？

型紙として

紙の厚みがあり丈夫な紙皿を使うと、しっかりと線を引くことができます。楕円形や八角形の紙皿などを型紙の代わりに使って、紙を切り抜いてみましょう。

絵の具や接着剤の容器として

防水加工されている紙皿は、絵の具の溶き皿や木工用接着剤、でんぷんのりの容器としても使うことができます。
特に、アクリルガッシュは乾燥すると耐水性が強くなり、パレットを洗っても落ちにくいため、紙皿などの容器を使うとよいでしょう。

種類

工作などでよく見かけるサイズは、直径が10・12・15・18・20・23cmのものです。大型の紙皿や、ボウルのように少しくぼんだものもあります。紙コップと同じく、漂白されたものの他に、未ざらしの茶色いもの、絵や模様付きのものもあります。

防水加工されている紙皿

手触りがツルツルしており、使われている紙が厚く、たわみにくくなっています。防水加工がされているため、丈夫で水に強いという性質があります。また、皿の縁には装飾などがあり、半立体の造形材料としても使えます。

紙皿は水分や油分が吸収しにくく加工されています。

表現遊びのアイデア

紙皿の中心を出すには？

丸いものであれば、その中心を探す方法があります。紙皿を2回折って中心を出す方法です。もう1つはA4サイズのコピー用紙を使って中心を出す方法です。

❶ A4サイズのコピー用紙の角を紙皿の端（○印のところ）に置きます。円の縁と接する紙の両端（矢印のところ）に印を付けます。

❷ コピー用紙を外して、線で結びます。これをもう一度、紙皿を回転させて違う位置で印を付けて線で結びます。

❸ 最初の線と2回目に引いた線が交わるところが円の中心になります。

材料 段ボール・カラー段ボール 紙

育ちのポイント
- 段ボールは、厚手の紙の工作材料で日常的に集めやすいものです。子どもが段ボール片や箱を組み合わせたり、つなぎ合わせたりしながら、活動が展開できるように工夫してみましょう。

使い方

着色は？

広い面積を塗るとき 絵の具

スポンジなどが付いたローラーを使うと広い面積に着色することができます。ポスターカラーを使うと、段ボールの下地が目立たなくなります。
ただし、水分を含み過ぎると段ボールが反ったり、接着剤が弱くなりライナー（表紙）が剥がれたりするので、絵の具の水分量には注意しましょう。

細かいところを塗るとき マーカー

塗る面積が少ない場合は、マーカーを使うとよいでしょう。

接着は？

でんぷんのりや木工用接着剤、両面テープ、セロハンテープ、粘着テープなど紙を接着する用具の大半は使うことができます。

切るには？

直線を切る「大型カッター」

曲線を切る「段ボールカッター」

木の実などを付けるとき

粘性があり、接着面が大きくなるような木工用接着剤が適しています。貼り付けた木の実が落ちないように、接着剤が乾くまでマスキングテープで仮留めしておきます。

接着剤

段ボールカッターが適しています。保育者が事前に準備するなら大型カッターでも代用ができますが、曲線を切ったりする場合は、刃が折れたりして危険です。その一方で直線を切る場合は大型カッターの方が適していますので、用途に応じて使い分けます。カッターを使う際に、段ボールを持つ方の手には安全のため、軍手をするとよいでしょう。

造形活動で使う段ボールはどこで手に入る？
梱包用の箱などに使われているため、家電量販店やスーパーマーケットなどをたずねたり、リサイクルセンターでも集めることができます。造形用の段ボールとして、板状になったものや、ライナーが片方だけに付いている「波形段ボール」などが市販されています。

段ボールの構造と強さのヒミツ

段ボールは、表裏の紙（ライナー）とそれを挟む波形の紙（中しん原紙）による構造になっています。
その断面を見ると、三角形が連続した形状をしており、表裏の紙の面にかかる力を分散させるため重いものにも耐えうる構造になっています。

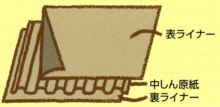
表ライナー
中しん原紙
裏ライナー

表現遊びのアイデア

色んな素材と組み合わせて

段ボール箱を並べてみたり、積んだりして遊んでみましょう。
空き箱やお菓子の箱、紙コップ、紙皿、牛乳パック、トイレットペーパーの芯などを
組み合わせて、街作りなどに
も展開できます。

段ボールの上でこすってみよう！

段ボールは、板状や箱の状態のどちらにも生かせる材料です。

中しん原紙の波形を使った
版画の材料として

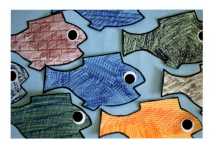
コピー用紙などを使って
縞模様をこすり出し

不定形な段ボールに色を塗って
構成遊び

段ボールを丸めたら？

段ボールを丸めてゴムで留めてスタンプを作ってみましょう。
絵の具の濃さは薄めすぎないようにすることがポイントです。

いろいろな大きさの
スタンプを使ってどんな
模様ができるかな？

材料
どんぐり・小枝・まつぼっくり・落ち葉

自然材料

育ちのポイント
- 自然物の美しさや、季節の移り変わり、形や色の面白さに気付くようにしましょう。
- 園外保育などで集めた自然物を構成遊びに使ったり、造形材料として使うなどの工夫をしてみましょう。

種類

どんぐり
どんぐりを探しに近くの公園などに出かけてみましょう。
丸い形や尖った形、大きなものや小さなもの、いろいろな形や大きさのものを見つけてみましょう。

どんぐりの帽子
どんぐりの帽子は殻斗(かくと)といいます。
殻斗(かくと)は、どんぐりの種類によって形が違います。
クヌギやアベマキなどは厚みがあります。
コナラやカシなどはうろこ状や縞模様です。

コナラ（かくと付）

コナラ

マテバシイ

クヌギ

ウバメガシ

シラカシ

小枝
木の種類や大きさによって、枝が分かれているところまでの長さや太さにも違いがあります。手で折ってみて折れそうな太さを基本として、用途に応じて準備をします。大きさや長さである程度まとまった量を用意して、子どもたちが選ぶことができるような工夫も必要です。

小枝を拾う時期はいつがいいの？
木には、水や栄養分を吸い上げて新葉が成長する時期と休眠する時期があります。
11月から2月の寒くなって葉っぱが枯れてくる時期は、根っこの水分を吸い上げる力も弱くなります。この時期は、カエデやイチョウなどの落葉樹の木の枝も水分がなくなっているので、落ちている枝は水分が抜けているので拾い時です。

まつぼっくり

まつぼっくりは、マツ科の木になる果実の呼び名です。
松かさとも言います。
マツの種類によって3cmから6cmくらいのタマゴ型のまつぼっくりをよく見かけます。

まつぼっくりのたくさんのひだ（傘）の中には種が入っており、木から落ちた状態では、種は飛ばされて無くなっているものが多いです。

まつぼっくりを拾う時期はいつがいいの？

落ちる時期が定まっていないため1年を通して収穫することができます。
まつぼっくりは、すべての種を飛ばしきってから地面に落ちるものや落ちないものもあります。根元の部分が丈夫で、乾燥しても落ちず、何年も木にくっついているものもあります。

落ち葉

特定の季節になると、葉の色が変化して落葉する樹木があります。
落葉してから徐々に水分が抜けて枯れ葉（茶色など）に変化していきます。
美しい色合いが変化していくため、製作後は写真で記録しておくとよいでしょう。

使い方

どんぐりの下処理

❶洗浄しよう
拾ったどんぐりは、土や泥などが付いている場合が多いので、台所洗剤などを入れた水でよく洗いましょう。どんぐりの**尖った先端は目の粗い紙やすり(100〜180番くらい)で軽く擦っていくと、怪我を防ぐことができます。**

❷冷凍または煮沸で防虫処理をしてみよう
<冷凍する方法>
密閉できる袋に入れ、1〜2日程度冷凍します。
<煮沸する方法>
鍋に水とどんぐりを入れ、30分ほど熱湯でゆでます。
※煮沸する時間が長いとひび割れが起こる可能性があるので注意が必要です。

❸乾燥させよう
下処理後は、風通しのよい場所で2〜3日ほどしっかりと乾燥させます。ドライヤーの熱や、直射日光に当たるとからが割れてしまうので、直接日光が当たらない場所で時間をかけて乾燥させることがコツです。

色や形などの特徴で分けて、保管しておくと便利です。

まつぼっくりの下処理

❶洗浄しよう
水を張ったバケツにまつぼっくりを入れてかき混ぜ、土や泥を落とします。まつぼっくりの傘の奥にも汚れがある場合はホースの水流を強くして洗い流します。どんぐりと同じように、**トゲがある場合は紙やすりなどで事前に取り除いておきます。**
※まつぼっくりは水につけると傘が閉じます。

❷防虫処理をしてみよう
まつぼっくりは虫が出てくることが少ないため、熱湯をかけるか水にしばらく浸けておくだけでも大丈夫です。

❸乾燥させよう
新聞紙の上に広げ、まつぼっくりのひだ(傘)がきちんと開くまで数日かけてしっかり乾燥させましょう。乾燥が不十分だとカビが生えてくる場合があります。

小枝の下処理

小枝は、手で折ったり剪定ばさみで切ったりしたままだと、切り口がささくれてしまい、危険な場合があります。そのようなときは、**100〜180番くらいの紙やすりで、ささくれた部分を削ります。**紙やすりがない場合はコンクリートで軽くこすってみるのもよいでしょう。

なぜ下処理が必要か?
地面に落ちたときに付いた土や泥を洗い流さないと、紙粘土と一緒に使ったり、接着剤を使う際に剥がれ易くなります。またしっかりと乾燥させることでカビの発生を防止したり、防虫処理をすることで虫の大量発生を防ぐことができます。

接着は？

- 木工用接着剤
- 多用途接着剤（ボンドタッチなど）

- 接着面から接着剤が少しはみ出すくらいの量をつけると剥がれて落ちにくくなります。
- マスキングテープを使って接着剤が乾くまで留めておくのもよいでしょう。
- 木工用接着剤は、塗った直後に接着してもよいのですが、少し乾いてから接着すると、適度に水分が抜けてしっかりとくっつきます。

接着の方法は他にも…

モールを使う　　毛糸と接着剤を使う　　結束バンドを使う　　紙粘土と接着剤を使う

着色は？

- アクリルガッシュ
- 水性顔料マーカー（ピグマックス）

- 形が丸いどんぐりは着色しにくいので、錐で穴をあけたところに爪楊枝をさして持ち手のように使うか、粘土に少し埋め込んで固定するとよいでしょう。
- 水性顔料マーカー（ピグマックス）で色を重ね塗りするには、乾いてから塗るようにします。

段ボールの中しん原紙につまようじを挿して塗っています。

着色の方法は他にも…

スプレーペンキを使う

保育者があらかじめ着色するには、スプレーペンキを使うと手早くできます。スプレーペンキの噴射で転がらないように両面テープで固定しておくとよいでしょう。

工作ポスターカラーを使う

どんぐりやまつぼっくりには、薄く溶いた絵の具の色がはっきりと出にくいので、白い色を混ぜて使うか、工作ポスターカラーを使うとよいでしょう。水分を少なめに溶きます。

表現遊びのアイデア

どんぐり・まつぼっくりは「転がす」「入れる」「吊るす」などの遊びができます。

ころがす

まつぼっくり
段ボールや牛乳パックで迷路を作り、傾けてまつぼっくりの転がし遊びに挑戦してみましょう。まつぼっくりに色を塗って誰が一番か競争して遊んでみましょう。

どんぐり
トイレットペーパーの芯や牛乳パックを使ってどんぐりを転がす装置を作ってみましょう。

いれる

どんぐり
ペットボトルの中にどんぐりを入れてマラカスを作ってみましょう。

まつぼっくり
小さなまつぼっくりを拾ってきたら、しばらく水につけてみましょう。
あれあれ？傘が閉じて丸くなってしまいました。
これを空のペットボトルに入れて放っておくと…
まつぼっくりの手品ができあがり。

つるす

まつぼっくりを吊り下げて飾ろう
クリスマスのリースや壁飾りなどにまつぼっくりを使うと効果的です。クラフトパンチでパンチした色紙と着色したまつぼっくりを使って飾りを作ってみましょう。
テグスを使って吊り下げるとよいでしょう。

表現遊びのアイデア

色んな素材と組み合わせて

小枝をモールで飾ってみよう

少し太めの枝であれば、いろいろなモールを巻き付けて飾ってみましょう。
モールを捻って使うと、枝同士をつなぐこともできます。

毛糸、紐、モールを組み合わせて

毛糸、紐、モールなどを組み合わせても面白い効果が楽しめます。
紐のようなものにカラービーズを通しておいて、まつぼっくりに巻き付けるという方法もあります。

粘土と組み合わせてみよう

粘土の製作に小枝を使うことに挑戦してみましょう。小枝を昆虫や動物の足にしたり、粘土同士をつなげるときの芯にも使うことができます。秋の作品展にも最適です。
こうした使い方には、乾燥後に固まる紙粘土が適しています。

目玉シールと組み合わせてみよう

落ち葉を色画用紙に両面テープを使って接着します。
事務シールで作った目玉シールを組み合わせて作ってみましょう。

まつぼっくりをつなげてみよう

まつぼっくり同士をつなぐには、紐よりもモールを使う方が便利です。2本のモールを向きが互い違いになるように、ひだに巻き付けて捻ります。

巻き付けた後は**モールで怪我をしないように先を丸めるかテープで留める**とよいでしょう。

自然物を組み合わせてみよう

三角形に切った段ボールに、気に入った木の実や落ち葉などを貼り付けてみましょう。
できあがった三角形をつなげると大きなクリスマスツリーができあがります。

材料 自然材料 小石

> **育ちのポイント**
> ●様々な形や色の石を拾ってみましょう。園外に出かけると、いろいろな場所で見つけることができます。構成遊びという観点で、子どもが「自分の気に入った小石を見つける」ところから、展開を考えてみましょう。
> ●小さな石で遊ぶ場合、投げたり、高いところから落としたり、誤飲しないように注意しましょう。

使い方

どこで小石を集めるの？

園外保育（散歩）で拾ってきたり、園庭に落ちていることもあります。石の角が取れて丸くなったものは、ホームセンターや園芸ショップでも「玉砂利」として購入することもできます。

同じ色の石を集めてみると…

同じような色をした石を集めてみましょう。
似たような色をした小石でも、色の筋が入っていたり、大きさが違うなどの特徴があります。
似たような色の石は、ひょっとしたら大昔に一つの大きな岩だったのかもしれません。

いろいろな色の小石を見つけてみよう

小石と、一口に言ってもいろいろな色や形、大きさ、手触りの石があります。
白や赤、緑、茶色、黒の小石を見つけることができます。
水で洗うと、乾いた状態よりも、はっきりと色や模様、形がわかります。

> 戸外で拾ってきた石は土や泥が付いていることがあります。ザルに石を入れて水で洗いましょう。細かな凹凸は、古い歯ブラシで擦って汚れを落としておきます。

着色は？

一般的に顔料系マーカーやアクリルガッシュを使います。アクリルガッシュは水で少し薄めて使うと、石の表情や模様を生かすことができます。水がかからないのであれば、絵の具に木工用接着剤を混ぜたものも使うことができます（木工用接着剤を混ぜた絵の具の作り方はP.79を参照）。

接着は？

表面がゴツゴツしていたり、丸かったり平面でないため、厚手の両面テープや粘着テープ、木工用接着剤が適しています。強力に接着するならば、エポキシ樹脂系の接着剤を使います。

接着剤

感触を味わう

角がないツルツルの小石を、バケツや小さな容器に入れて手で触ってみましょう。

音を味わう

小さな容器（フタが付いているプラスチック製の容器）などに小石を少しだけ入れて、フタを閉めたら振ってみましょう。

水と一緒にいれる

色水（食紅を水で溶いたもの）をペットボトルなどの容器にそそいでから、小石をゆっくりと入れてみましょう。

小石を並べる

線で並べる

集めた小石を色や大きさを揃えて並べてつなげましょう。真っ直ぐ並べたり、丸や渦巻きのように並べるなどいろいろなつなげ方があります。

面で並べる

丸くつないだ小石の中に、別の色の小石を並べると模様のようになります。いろいろな形に挑戦してみましょう。

カラフル！宝石遊び

集めた小石に好きな色を塗ってみましょう。
宝物のように変身した小石を箱（お弁当の入れ物）などに入れてみましょう。

> 手袋をして色塗りをすると、余分なインクが取れて、早く乾きます。

他の自然素材と一緒に

まつぼっくりなど木の実と組み合わせても様々な表現が楽しめます。
製作の過程や作品の記録として写真を撮っておくとよいでしょう。

表現遊びのアイデア

小石をじっくり見てみると何かに見えてくるよ

小石で気に入ったものを、じっくりと眺めてみましょう。
角が尖って割れてしまったものや、丸くてタマゴのような形をしたものもあります。
じっと見ていると何か、人の顔の形や動物、魚のような形に見えてきます。
石の向きを変えたりしてみると、いろいろな形を発見することができます。

小石のいきもの

事務シールで目を付けよう

生き物のイメージが湧くように、シールを貼る位置を何回か試して、目の位置を決めます（足の部品を粘着テープで貼るため、なるべく平らになっている面が下向きになるようにします）。

模様を描いてみよう

マーカーで模様を描いたり、色を塗ってみましょう。水性顔料マーカーを使った方が、色や模様がはっきりと表現できます。

モールを使って足をつくってみよう

3本のモールを用意して、1つに束ねます。モールは6mmくらいの太めのものを使うとよいでしょう。3本まとめて、長さの真ん中あたりで、2回程度捻ります。次に、束を少しだけ開いて、足になるように広げます。

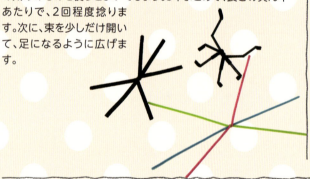

モールと石をくっつけよう

石をひっくり返して、モールの足を粘着テープで接着します。モールに黒いストロー（4.5mm）を通すと、昆虫らしい、しっかりとした関節がある手足になります。

つくった「いきもの」を飾ってみよう

できあがった小石の生き物をいろいろな場所に飾ってみよう。
向きを変えたり、数を作って並べるなど工夫してみましょう。

こんな表現もできます！

小石に蛍光マーカーで模様を描いてみましょう。
ブラックライトで照らしてみると暗闇で光る「いきもの」になります。

表現遊びのアイデア

小石を絵の具で染めてみよう

エクステリア（外構）用に販売されているマーブル小石（大理石の小石）を使って造形あそびに使うことができる着色小石を作ってみましょう。

イロイロ小石

ビニール袋に小石を入れる

色むらができないようにビニール袋を使って染めます。ビニール袋に小石を500g程度入れます。
袋は、冷凍・解凍用の厚手のものを使用するか、2枚重ねにします。
小石の分量は着色したい小石の量に合わせて、適宜分量を調整します。

ビニール袋に絵の具・液体染料を入れる

小石が入ったビニール袋に、工作ポスターカラーまたはアクリルガッシュ、液体染料を入れます。
絵の具は水で薄めないで入れ、かき混ぜながら、水を入れます。

染料を使う場合は…

30分程度、袋に入れたまま小石を放置した後に、袋に水を入れて洗い流します。染料の色が袋から出なくなるまで、水で濯いでください（染料は乾いても手に付くことがあります）。

小石を乾燥させる

袋から小石を取り出して網の上で乾燥させます。絵の具は、鮮やかな色味を作ることができます。染料は薄く淡い色を作ることができます。

イロイロ小石で遊んでみよう！

できあがったイロイロ小石を使って、様々な遊び方を考えてみましょう。透明カップに詰めて遊んでみたり、同じ色や形・大きさのものを並べてみても面白いです。

材料 — 身近な材料

糸
毛糸・凧糸・水糸・テグス・綴り紐

育ちのポイント
- 造形活動で使う糸類は、低年齢児では紐通しなどのおもちゃなどで使います。
- 年齢が上がると、紐を厚紙などに巻いたり、他の素材と組み合わせて、作品を飾ったり吊ったりすることにも使うことができます。工作では糸の特徴である強さや糸の色を生かした使い方ができます。

使い方

接着は？

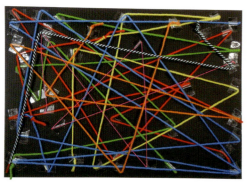

セロハンテープ
セロハンテープを使った接着では、糸や紐をピンと張った、直線的な表現ができます。糸に力が掛かるような使い方をする場合は、糸の端を止め結びにすると抜けにくくなります。

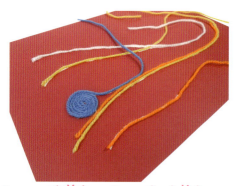

木工用接着剤・多用途接着剤
木工用接着剤を使うと、曲線や束で固めて使うという表現もできます。

結び方

糸の端を結んだり、糸同士をつなぐ方法に挑戦してみましょう。

固結び

引き抜き結び

テグス結び

糸の通し方

紐を穴に通すときは、通したい紐の端をセロハンテープで一巻きして、紐が曲がらないように補強してから通します。

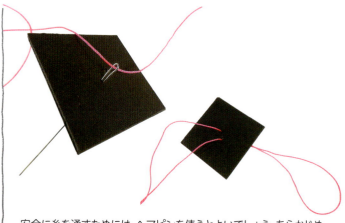

安全に糸を通すためには、ヘアピンを使うとよいでしょう。あらかじめヘアピンに紐を通しておいたものを穴に潜らせます。

種類

毛糸
羊毛やアクリルなどの素材からできており、種類、色、糸の太さなどが豊富です。材質は柔らかく厚紙や段ボールなどに巻き付けて装飾などに使うと効果的です。

凧糸
綿を撚って作られた糸で、引っ張るなどの糸に力がかかるような使い方が適しています。凧製作や工作などにもよく使われます。

水糸
凧糸に近い太さの糸で、材質はナイロン、蛍光色のものが多くあります。ブラックライトを当てると明るく発光します。

テグス
釣り糸として使うナイロン糸です。透明な素材であるため、紐を目立たせずに作品を吊るすときに便利です。

綴り紐
書類をファイルするときに使われる紐です。紐を捻っても撚りがほつれにくい性質があります。

表現遊びのアイデア

紐通しを作ってみよう

牛乳パックや段ボールに穴をあけたものを用意して、綴り紐を通して遊ぶおもちゃを作ってみましょう。
太めのストローや木のビーズを使って1本の紐に通す遊びもできます。

凧糸で絵の具遊び（糸引き絵）

紙コップに水で溶いた絵の具を数色用意します。画用紙を二つ折りにして開き、左右どちらかに絵の具を付けた凧糸を好きな位置においてみましょう。画用紙の縁に糸が少し出るようにしたら、画用紙を折り戻して糸を引き出します。画用紙を開くと面白い形ができています。

毛糸の飾りをつくってみよう

❶厚紙に毛糸を巻き付けていきます。毛糸が盛り上がるくらい多く巻きます。

❷巻き付けた毛糸の真ん中の位置に毛糸で結び目を作ります。

❸はさみで輪になっている毛糸の端を切っていきます。毛糸を広げて丸くなるように切ります。

材料 　身近な材料
布 不織布・フェルト

育ちのポイント
- 布それぞれの繊維の特徴を生かした造形表現や遊びを工夫してみましょう。
- 布とその他の素材を組み合わせた表現や描画、着色などの遊びを楽しんでみましょう。

使い方

着色は？
絵の具、布専用のマーカー、クレパスなどが使えます。

絵の具を使う場合
紙やすりを下敷きの代わりにして描きます。
水分を多く含ませてしまうと布が吸収してぼやけてしまうため注意が必要です。

クレパスを使う場合
描いたものの上にクッキングシートを乗せて低温でアイロンがけをして定着させます。

切るには？
一般的な事務用はさみよりも裁ちばさみの方がきれいに切ることができます。
また、ロータリーカッターナイフやカッターマット、テープカット定規が便利です。
テープカット定規は、カッターナイフで切る布地を刃の左右から押さえるので、布にシワがよりにくくなっています。

ロータリーカッター

接着は？
針や糸、ミシンなどの裁縫道具以外のものを使って布同士を接着するには、布専用接着剤や両面テープを使います。
布対応の接着剤でも可能ですが、布専用の接着剤は洗濯も可能です。
接着剤を布地に付けて伸ばし、アイロンがけを行います（ボンドタッチの場合はアイロンがけはいりません）。

不織布・フェルトに使う接着剤は？
目玉シールなどは不織布用の接着剤や木工用接着剤、多用途接着剤（ボンドタッチ）、布用両面テープが使えます。不織布やフェルトは他の布地と同じように裁縫も可能です。ホットボンドも使えます。

繊維素材の注意点
繊維は、種類によって毛羽立ちが原因になって、肌のかゆみを感じたりします。麻、羊毛、化学繊維は特にかゆく感じる場合があります。**敏感肌の子どもや乳児の布おもちゃでは、かゆみが出にくい綿100％のものを使うことが理想**と言えるでしょう。

種類

不織布とは？

保育の現場ではパネルシアターでなじみの深い素材（Pペーパー）です。
パネルシアターは、不織布（Pペーパー）がフランネル（パネル布）の毛羽だった面に摩擦で付着するしくみになっています。
化学繊維で作られた不織布は、温度が高いと溶けてしまうことがあり、低温に設定したアイロンでないと使えないことがあります。
また、不織布は編んでいないため裁断してもほつれません。

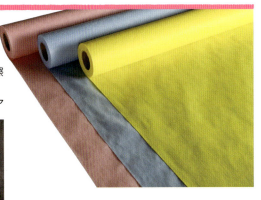

フェルトとは？

羊毛に石けん水を加えて熱しながら丸めたものです。
フェルトの製法からもわかるように、製作したものを洗濯しにくいという特徴があります。
フェルトの裏地に粘着剤が塗布されたものは、アイロンで粘着剤を溶かして他の布地に貼り付けることができます。

表現遊びのアイデア

布（木綿）を染めてみよう

ビー玉を布で包んで、輪ゴムで留めます。染料にしばらく浸けた後に色止めをするとすてきな絞り染めができあがります。

布（木綿）に歯ブラシステンシル

クラフトパンチを使ってパンチした厚紙を型紙にして、絵の具を付けた歯ブラシでトントンと叩くとステンシルができあがります。型紙がずれないようにスプレーのりを付けておくとよいでしょう。

フェルトのボタンつなぎ

フェルトとボタンを使って低年齢児が遊べるおもちゃを作ってみましょう。円や直線でつないで遊んでみましょう。

不織布でつくる衣装

カラーポリ袋と不織布を使って、衣装を作ることができます。

材料 ‖身近な材料‖ 牛乳パック

> **育ちのポイント**
> ● 牛乳パックは水に強く、繰り返し曲げても破れにくい造形素材です。箱の形を生かした外遊びや水遊びの道具、おもちゃの製作などに使うことができます。

使い方

準備
● 牛乳パックを開くと、中に紙を折り曲げたり重なっている部分があります。工作では使いにくい部分ではありますが、ここに牛乳の残りがたまっていることがあります。しっかりと水洗いをして臭いが落ちるようにしましょう。

着色は?

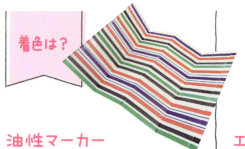

油性マーカー
牛乳パックは水をはじくため、油性マーカーが適しています。
印刷面ではなく内側の白い面に使うとよいでしょう。

※水性染料マーカーは使えないものがほとんどです。

工作ポスターカラー
広い面を着色するには、工作ポスターカラーが使えます。油性マーカーや色紙では表現できないような、グラデーションなどの着色も可能です。

色紙、ビニールテープなどを貼る
牛乳パックの表面(印刷面)のデザインを隠すには、色紙を両面テープで接着するか、シール色紙、ビニールテープを使うとよいでしょう。

切るには?

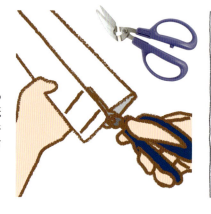

牛乳パックをはさみで切って開いてみましょう。厚紙よりも切りにくいので、牛乳パック専用はさみも市販されています。

接着は?

> ステープラーの針で怪我をしない様に、テープで覆いましょう。

牛乳パック同士を接着するには、ステープラーや両面テープ、セロハンテープ、ビニールテープ、布テープ、木工用接着剤などを使います。でんぷんのりは、乾燥後に剥がれてしまうので使えません。

種類

身近な素材で頑丈な造形材料
牛乳パックは外側と内側の表面がポリエチレンでコーティングされた丈夫な紙で作られています。水分の吸収がなく、軽量なため、造形活動にもよく使われています。サイズは500mlと1000mlのものが一般的によく見かける大きさです。500mlと1000mlでは容器の高さは違いますが、横幅や奥行きは共に7cmです。

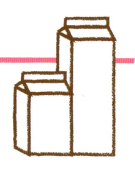

表現遊びのアイデア

牛乳パックのブロック

牛乳パックのブロックをつなげるといろいろな大きさのブロックを作ることができます。
牛乳パックを組み合わせれば、テーブルや椅子などを作ることもできます。

作り方
1. できるだけ多くの牛乳パックを集めて、2つずつの組みにします。
2. 片方の牛乳パックの注ぎ口を開いて写真のように、一方の牛乳パックの注ぎ口に差し込みます。
3. 長方形の四角いブロックのできあがり。

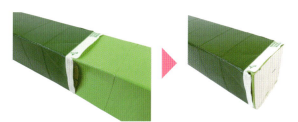

このままでも直立方向には強度が強いのですが、差し込む際に新聞紙などの紙を、差し込む側の牛乳パックの中にたくさん詰め込んでおくと、できあがったときに強く硬いブロックになります。

> 牛乳パックに新聞紙を入れると重くなりますので、適宜活動に応じて検討してください。

簡単なおもちゃづくり

牛乳パックは繰り返して遊んでも破れにくいという性質があります。牛乳パックの底でコマを作ったり、仕掛けや動きがあるおもちゃ製作の素材にピッタリです。

材料 身近な材料
ペットボトル・ペットボトルキャップ

> **育ちのポイント**
> ● ペットボトルは、身近な透明容器の材料で、その特徴を生かした活動が展開できます。
> ● 立体的な表現で活用したり、水遊びや色水遊びなど協同遊びでも使うことができます。

使い方

準備
● 衛生面に配慮し、本体やキャップの洗浄や消毒をしっかり行うようにしてください。

乾かすには？

ペットボトルのキャップ
細かな凹凸があるため、しっかりと洗浄します。
少ない分量であれば写真のように、カゴを2つ用意して重ね合わせ、タオルなどの布類をキャップと一緒に入れ勢いよく振って乾かします。

ペットボトルの本体
逆さにして乾かします。
クリーニングハンガーの両端を曲げてペットボトルの口がはまるようにします。

着色は？

❶ マーカー（油性または顔料系）
❷ カラービニールテープ、マスキングテープなど
❸ シールなど
❹ 絵の具
❺ 色水を入れる　などの活用ができます。

絵の具を使うときのポイント
普通の水彩絵の具、ポスターカラーではペットボトルに着色ができません。アクリルガッシュを使うか、水彩絵の具に木工用接着剤を混ぜて使います（サクラクレパスの「マット水彩マルチ」や「工作ポスターカラー」だとそのまま着色できます）。
アクリルガッシュや木工用接着剤が混ざった絵の具を使った筆は、特に念入りに洗浄してください（毛先が固まって使えなくなります）。
（木工用接着剤を混ぜた絵の具の作り方はP.79を参照）

ペットボトル容器を水に入れたり浮かべたりする場合は、容器の内側に着色するとよいでしょう。色が水で流される心配はありません（キャップを外さない使い方に限ります）。

紙を貼るには？
紙を貼る場合は粘着テープ（ビニールテープ、セロハンテープ、ガムテープ）か、樹脂系の接着剤（ボンドタッチなど）が適しています。

耐水性があるペットボトルには、水溶性ののりは使えません（乾燥するとはがれてしまいます）。

切って使うには？

水平に切る場合、切りたい部分にテープを巻いて、その部分に沿って切るときれいに切れます。

切り口が大変鋭くなるため、ビニールテープなどで切り口を覆う必要があります。
切る道具ははさみ（はさみの刃に細かなギザギザが入っているものに限ります）か、カッターナイフを使います。ペットボトルカッターを使う方法もあります（P.89を参照）。

種類

造形素材としてのペットボトル

造形素材として使う場合、大きく分けて2通りの方法があります。1つはペットボトル本体を使う方法、もう1つはキャップ使う方法です。ペットボトル本体には様々な大きさがあり、形状も各種メーカーによって異なります。ペットボトルキャップは、120㎖などの小さいサイズのキャップを除いて、ほとんどのものが共通した大きさになっています。

どうやって素材を集める?
ペットボトルの本体やキャップは、リサイクルセンターなどで大量に集めることも可能ですが、地域の方や保護者の方に協力していただき、集めてみましょう。

表現遊びのアイデア

低年齢児のおもちゃに

ペットボトル容器の中に木の実を入れてマラカスにしたり、ビーズやスパンコールと一緒に水を入れて低年齢児のおもちゃにしましょう。容器はできるだけ軽いものを選びます。

素材を確かめながら

柔らかい素材を容器に詰めたり、シール貼りをしてみましょう。見え方の違いや変化などの面白さに気付いていきます。

いろいろな遊び方を楽しむ

新しい遊びやちょっと難しいことにも挑戦する気持ちが育っていくと自分たちで遊び方を工夫できるようになっていきます。

形や色を楽しむ

食器洗浄機にペットボトルを入れて洗うと熱で形が変化します。色水を入れて遊ぶこともできます。

ペットボトルのキャップをつかう

ペットボトルキャップには様々な色があります。「ならべる」「つなぐ」など小学校低学年の造形あそびにつながる素材として活用ができます。

集めた色とりどりのペットボトルキャップを床にたくさん並べてみましょう。

キャップの中央に穴をあけて、竹串で刺せば、タイヤを作ることができます。

中央にあけた穴に綴り紐や凧糸を通してガチャガチャと音が鳴るおもちゃが作れます。

粘土遊びの型抜きや模様をつけるときにも使うことができます。

材料 　身近な材料
スチレンボード

育ちのポイント
- スチレンボードを使った版画活動（はんこ作り）に挑戦してみましょう。
- いろいろな大きさにカットしたカラースチレンボードを使って、パズル遊びを楽しむことができます。

使い方

着色は？

水性マーカーが使えます。絵の具で広い面を着色するには、アクリルガッシュや工作ポスターカラーが適しています。ボードに紙が貼ってあるものにはこれ以外の絵の具を使うこともできます。

接着は？

セロハンテープや両面テープなどのテープと「ボンドタッチ」のような多用途接着剤が使えます。一部の接着剤ではスチロールが溶けるものもあるので、確認しましょう。

切るには？

スチレンボードは、発泡スチロールと紙（紙貼りのボードのみ）でできているため、薄いものははさみで、厚みがあるものはカッターナイフを使って切りましょう。

カッターナイフの切れ味が悪いと、切り口が縮れたり斜めになったりしてしまうため、こまめに刃を折ってカットしましょう（刃の処理方法はP.88を参照）。

種類

スチレンボードは、基材である発泡スチロールのパネルに紙や粘着剤が付いたものです。大きさは紙の規格であるA、B版サイズのものがあり、厚みも1mmから10cm厚のものまで豊富です。厚みのあるものは、平面作品を貼って壁に飾る際によく使われています。

スチレンボードの種類は？
- スチレン生地のみのもの
- 両面に紙が貼られているもの
- 片面もしくは両面に粘着剤が塗布されているもの　などがあります。

紙貼りがされているスチレンボードには、あらかじめ着色がされているものがあります。こうしたボードには、マーカーなどを使って直接描いたり、塗ったりすることができます。

取扱いについて
- スチレンボードの表面は、指で押したり、ものをぶつけたりすると傷がつきやすいため、硬いものや重いものに触れないようにしましょう。
- 紙が接着しているスチレンボードは水分に弱い素材です。水分が多い絵の具を使うと乾燥して反りやすくなります。
- なるべく温度や湿度の変化が少ない場所での保管、展示をおすすめします。紙が貼ってあるボードは湿気や乾燥で紙が伸びたり縮んだりします。
- 重ねて平らなところで保管します。ボードを壁などに立てておくと反りやすくなります。

表現遊びのアイデア

スチレン版画に挑戦！

紙貼りがされていないスチレンボードはスチレン版画にも使えます。ボードの厚みは2mm程度の薄いものがよく使われています。割り箸やボールペンでスチレンボードに絵を描いてから、版画用インクを使って刷ってみましょう。

印刷後の版

版作り

ローラーを使って着色

版画の完成

スチレンはんこをつくろう！

スチレン版画と同じ方法を使うとスチレンはんこを作ることもできます。スポンジに少量の水で薄めたアクリルガッシュを染みこませてスタンプ台を作れば、布にも押すことができる、スチレンスタンプができあがります。はんこを一度に乗せて、重しの上から力を加えるときれいに仕上がります。

スチレン・タングラムで遊ぼう！

タングラムとは、様々な形のピースを使って遊ぶパズルです。カラースチレンボードを使って、作ってみましょう。強力マグネットシートを裏面に貼ると金属の部分に貼って遊ぶことができます。

くるくるロケットをつくろう！

薄いスチレンボードを2枚用意してプロペラのように回るおもちゃを作ってみましょう。1.5cm×13cmの板を2枚使って作れます。2枚の板をしならせて写真のようにクリップで留めます。

スチレンアメンボを水に浮かべてみよう！

2本のモールを捻って、両面テープを貼った薄いスチレンボードで挟みます。水性顔料マーカー（ピグマックスなど）で顔や体の模様を描いていろいろなアメンボを作って、水に浮かべてみましょう。

材料 身近な材料
セロファン

育ちのポイント
- 表面に光沢があり、軽くてヒラヒラした質感は、壁面や窓からの採光を取り入れた造形素材としての活用が効果的です。素材の透明感を生かしてみましょう。

使い方

接着は？ 別の素材に貼る場合は、素材のよさである透明感を生かすような接着方法がよいでしょう。木工用接着剤や多用途接着剤（ボンドタッチなど）、セロハンテープなどの接着がおすすめです。

表現遊びのアイデア

紙コップの底の部分をあらかじめカッターナイフで切っておきます。飲み口の部分に多用途接着剤（ボンドタッチなど）をまんべんなく塗り、しばらくしてセロファンの上において、乾いたら余分な部分を切り取ります。ステープラーで紙コップをくっつけたら双眼鏡のできあがりです。

6mm幅程度のシュレッダーにセロファンを通したり、シュレッダーばさみを使うと、細長い透明な線状の色素材として使うことができます。クラフトパンチでパンチすることもできますが、その場合はコピー用紙に挟んでパンチするとよいでしょう。

工作で使い終ったセロファンは手で紙のようにちぎって透明カップに入れてみましょう。カップを2重に重ねると後から色水を入れることもできます。

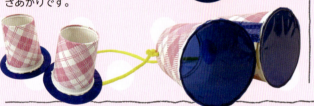

2つ折りにしたシール色紙をクラフトパンチでパンチして、穴の部分にセロファンが当たるように貼り付けます。片方のシールを剥がして挟み、好きな形に切り抜き、紐を付けたらステンドグラスのできあがり。モビールのように吊るしてみましょう。

大型色紙や黒い色画用紙に、はさみやクラフトパンチ、一穴パンチなどを使って切り込みを入れて影絵のようにして遊ぶことができます。ラミネート加工をすると色の板のように使えます。事務用のファイルシートに挟むと自由に動かすことができます。

材料 身近な材料
ポリエチレンテープ

育ちのポイント
- 半透明な紐状の造形材料として、空間全体に紐を張ったり、天井から吊したり壁面を飾ることができます。
- 光を通す程薄い材料なので、風になびかせたり、窓に貼ったときに色の変化を楽しむことができます。

使い方

準備

テープが転がっていかないように、使いやすくするための工夫は次のような方法があります。

- テープが縦に入る大きさの箱に入れて、使うときは引き出して使います。

- 買い物袋にガムテープを貼り、カッターナイフで切り口を作ってテープを引き出します。

- 市販のテープストッカーを使うこともできます。テープの大きさが小さくなったときに便利です。

種類

ポリエチレンテープとは？

ポリエチレンテープは、商品名として「スズランテープ」（伊藤忠サンプラス株式会社；タキロンシーアイ株式会社）という呼び方もします。薄い半透明のポリエチレンなどを材料とした幅の広いビニール紐で、荷物を結んだりする用途によく使われています。
色は薄い半透明のものがほとんどです。赤や青などの色を含め、およそ10色以上の色があります。セロファンのような透明感はありませんが、テープを重ねることで深い色味を出すことができます。

表現遊びのアイデア

ヒラヒラした素材のおもしろさ

細く丸めた新聞紙に、ポリエチレンテープ（50cmから1mくらいの長さ）をセロハンテープで接着して、簡単なおもちゃを作ってみましょう。作った棒をくるくる回してみるとテープの形がヒラヒラとたなびいて遊ぶことができます。テープを衣装などに使うこともできます。

細かく裂いてみよう

15cmくらいに切ったポリエチレンテープを、何枚か重ねて半分に折ります。折った部分を紐で結んで、束になったポリエチレンテープを手で細かく裂くと、丸くなっていきます。最後は、髪の毛を解く櫛やフォークで裂いていくと、ふんわりと作ることができます。

小学生で静電気の科学実験などにも使うことがあります。

材料 ポリ袋

身近な材料

育ちのポイント
- ポリ袋の大きさややわらかさ、色などの特徴を生かした衣装作りやおもちゃ作りに挑戦してみましょう。
- 袋の形を生かして、空気を溜めたり別の素材を詰めたりする表現を楽しんでみましょう。

使い方

広げて使う
ポリ袋の両端をはさみで切って広げてみましょう。
色とりどりのカラーポリ袋の端同士をテープで留めて大きなシートを作ります。
つなげたシートの端を持って広げ、下から見上げてみましょう。

詰める
透明なポリ袋の中に、お花紙やシュレッダーで細かくした紙、丸めたカラーポリ袋や梱包用のプチプチシートを入れて飾ってみましょう。

膨らます
ポリ袋の中に空気を入れて膨らませてみましょう。ポリ袋の底を切って筒状にしたものをつなげると細長い形ができあがります。

接着は?
セロハンテープ、両面テープ、ビニールテープなどの粘着テープが使えます。
ただし一度貼ったものを剥がそうとすると破れやすいため、貼り直しができません。
また、カラーポリ袋の素材は、一般的な接着剤では接着できません。

ポリ袋をきれいにつなげるコツ
ポリ袋をつなぐ際にきれいに貼り合わせるには、ちょっとしたコツがあります。
1. なるべく平らでホコリがないところで作業します(静電気でホコリを吸着してしまうためです)。
2. 袋の端をマスキングテープで床に留めて、ポリ袋にシワがよらないようにピンと張ります。
3. 接着するところにテープをいきなり貼らないで、マスキングテープで仮留めし、その上から粘着テープを貼り付けます。

種類

造形用カラーポリ袋
ポリ袋は、厚みが0.03〜0.05mm程度のポリエチレン樹脂(PE)でできた袋です。半透明で色が透けて見えやすいものと見えにくいものがあります。造形活動で使うものには、袋状になっていないロール状のものもあります。
カラーバリエーションは、造形用で10色以上あります。

ポリ袋
保存・業務用などの日用品のポリ袋は形や大きさが様々です。

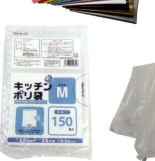

表現遊びのアイデア

袋の形状を生かした表現

透明ポリ袋にプチプチシートを入れたら、ヒンヤリかき氷のできあがりです。

袋のとじ目を使うと、発表会や劇遊びなどで使う衣装にも使うことができます。

傘袋に空気を入れて、口をしっかり閉じれば、傘ロケットが作れます。

製作で残ったビニール袋の切れ端は、傘袋を使って装飾を作ってみましょう。

ポリ袋に新聞紙や空気を詰めてお化けを作ってみましょう。

シート状態のものを使った表現

カラーポリ袋の両端を切って開くか、シート状のものをつないでポリ袋パラバルーンを作ってみましょう。

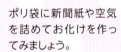

同系色（同じような色味のグラデーションの組み合わせ）を壁面などの飾りに使っても効果的です。
広い面積を覆うときには奥行き感が出ます。

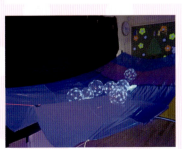

好きな色のカラーポリ袋を切って広げた凧も作ることができます。

材料 　身近な材料
アルミホイル

育ちのポイント
- 紙のようにちぎったり丸めたりでき、子どもの握力で粘土のように形を作ることができます。
- 光が当たるとキラキラと反射するので、厚紙や段ボール、ペットボトルに貼ると金属的な表現ができます。

使い方

準備

- 用途や子どもが使いやすい長さにあらかじめ切っておきます。色付きのアルミホイルなどを用意して、素材に興味をもつようにするとよいでしょう。

後片付け
- 使い終わった不定形な小さなアルミホイルの欠片は、なるべく平らにして保管したり、大きなアルミホイルに包んで塊にすると、捨てることなく使うことができます。

アルミホイルを丸めて、ある程度硬くなったら、足の裏でコロコロ転がすとツルツル・ピカピカになります。

着色は？

- アクリルガッシュ
- 工作ポスターカラー

- 油性マーカー

広い面を塗るとき

アルミホイルは水分を吸収しないので、乾燥するまで少し時間がかかります。

※子どもが使用する場合、工作ポスターカラーをおすすめします。アクリルガッシュと比較すると耐久性は下がりますが（半年～1年）、汚れが落ちやすいなど扱いが簡単です。

細かいところを塗るとき
アルミホイルを丸めたりする前に、マーカーで色を塗っておくと偶然できた色合いの面白さを楽しむことができます。

接着は？
- 両面テープ
- セロハンテープ
- 木工用接着剤

※大人が使う場合はホットボンドも使えます。

接着面が少ないとはがれやすいため、できるだけ広い面同士を接着するとよいでしょう。
木工用接着剤で接着した後は、乾いた布でアルミホイルを軽くこすると、シワが少し伸びて表面に光沢がでます。

はさみの切れ味が復活！
アルミホイルの意外な使い方

はさみの切れ味が悪くなったら、アルミホイルを折り紙のように、5、6回たたんで数回切ります。アルミホイルをはさみで切ったときの熱と圧力で、刃の欠けたところが修復され切れ味が復活します。

種類

アルミホイルの仲間たち

アルミホイルのようにキラキラした材料には、カラーホイルやグリッターテープなどがあります。

表現遊びのアイデア

丸めてみよう

光のお団子！

アルミホイルの造形で簡単なものは光のお団子作り。いろいろな大きさのお団子を作って飾ってみましょう。

大きくしたいときは、新聞紙などを丸めてアルミホイルで包むとよいでしょう。

ねじってみよう

アルミホイルでペットボトルのキャップを包んで指輪や時計、変身ブレスレットを作ってみましょう。

キラキラを生かして

アルミホイルと透明ラップを組み合わせて、油性染料マーカーで描くとステンドグラス風な表現に。

飾ってみよう

針金みたいに細くしてみましょう。くねくねした面白い形を作り、色を塗って並べたり、作ったものをテグスで吊るしたりして飾ってみましょう。

新聞紙を芯にしてねじって…

細くねじって…

材料　身近な材料
アイロンビーズ

育ちのポイント
- 点で表現する色の集合体として、いろいろな材料と組み合わせてみましょう。
- 好きな色のビーズを集めて飾りなどに使ってみましょう。

使い方

準備
- ビーズは小さいため、点としての造形要素として活用できる反面、うっかりこぼしたりするなど、製作環境が整えにくいことがあります。
タマゴのパックやお道具箱を使用し、色を選んだり、整理しやすくしたり、転がったビーズを集めやすいように新聞紙の上で製作しましょう。
- 一度に大量のビーズを扱うのではなく、ビーズを入れる容器の大きさを工夫してみましょう。

接着は？
木工用接着剤などの樹脂系接着剤を利用すると簡単に接着することができます。

ブラックライトを当てると…

◀ 黒い画用紙に木工用接着剤で線を描いて砂絵のようにビーズを使っています。はじめからたくさんビーズを入れないで、接着剤を足しながら模様を作ってみましょう。

画用紙が入る容器の中で、ビーズを振りかけるとよいでしょう。振り落としたビーズは別の容器に集めておいて、再度利用しましょう。

種類

アイロンビーズの魅力は、色彩の豊かさ

アイロンビーズの色は多種多様で、赤、青、緑などの色の付いたものだけでなく、透明やラメ入り、メタリック調のもの、蛍光・蓄光タイプのものもあります。

蛍光・蓄光タイプのものはブラックライトと組み合わせることで表現が広がります。

右の写真がブラックライトを当てた様子です。蛍光・蓄光色のビーズは発光しています。

  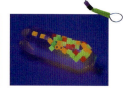

アイロンビーズは、ビーズ同士を熱で溶着させることができる樹脂製のビーズです

中心に穴があいており、直径5mm程度のものが一般的なサイズです（1cmのものもあります）。一般的にはアイロンビーズ用の型に、ビーズの穴をはめて形を作ります。できあがったら、アイロンシート（クッキングペーパーで代用ができます）をビーズの上に乗せて、その上からアイロンをかけるとビーズが溶着していきます。

たくさんの色のビーズの中から、自分のお気に入りの色を選んだり、色の組み合わせを考えて製作をすることも大切なポイントです。

表現遊びのアイデア

好きな色のビーズでつくる「アクセサリー」

大きめのアイロンビーズに紐を通して、腕にはめるアクセサリーを作ってみましょう。
紐は、先端が加工されていてビーズを通しやすい「綴り紐」か、紐の代わりにモールを使うとよいでしょう。
アイロンビーズの他にも筒状になっている木のビーズなども組み合わせて使うことができます。

ビーズの動きを容器に入れて楽しむ

ペットボトルにビーズを入れて、スノードームやマラカス作りに挑戦してみましょう。
スノードームに入れる水に、でんぷんのりを少しだけ混ぜると上下するビーズの動きがゆっくりになります。

スノードーム　マラカス

いろいろな材料と組み合わせて

粘土と組み合わせて

紙粘土の造形にアイロンビーズを部分的に使ってみましょう。着色した紙粘土をお団子にして所々にアイロンビーズを使って飾りましょう。

モールやストローと組み合わせて

細いモールにビーズを通したり、ストローの中にビーズを入れるといろいろな色の組み合わせを楽しむことができます。
太いビーズはストローに通して遊ぶことができます。

自然物と組み合わせて

大きめのまつぼっくりに、木工用接着剤を使ってアイロンビーズを飾りましょう。

材料 身近な材料 カラーモール

> **育ちのポイント**
> - 手で簡単に曲げることができる線材です。曲げ直しができたり、曲げた形状を維持することができます。
> - 好きな色の組み合わせや形を作ってみましょう。

使い方

準備
- 目的に応じて、色や太さを選べるようにします。太めのモールで、子どもがはさみで切りにくい場合は、あらかじめ適当な長さに切り分けておくとよいでしょう。
- カラーモールが曲がらないように、ラップ芯やペットボトルのようなものに入れて管理しましょう。
- カラーモールを切ったはさみは、はさみ研ぎ器で刃を研いでおくと切れ味が元に戻ります。

できる表現

カラーモールは針金が中心に入っているので手で簡単に曲げることができます。

丸める

捻る　　つなぐ

線材として紙に貼る、模様をつくる

型に合わせて曲げる、巻き付ける

接着は？

カラーモールを紙やペットボトルに貼るには、ボンドタッチのようなエマルジョン系の多用途接着剤が適しています。
毛足の長いモールの場合には、接着剤を多めに付けるか、セロハンテープで固定する方法もあります。

端の処理は？

モールの芯は針金です。
モールを切った状態だと鋭利なため、曲げておくかセロハンテープ、ビニールテープなどで留めておくと安全です。

種類

カラーモールの太さは、およそ3mmから9mmまで幅があります。
長さは10cm程度から約30cm程度のものが最も入手しやすいでしょう。
ストレートタイプという真っ直ぐなものから、毛足の長さが異なり波形になったものもあります。
また20色以上のバリエーションがあり、ラメが入ったものや蛍光色のものまで多様です。

表現遊びのアイデア

飾りに使う
渦巻き模様のモールを飾りに使ったり、紐のように結んでみましょう。

造形材料として
モールを線のように使って絵を描くように造形することができます。

芯材として
捻ったモールを使ってストローと一緒に飾りを作ってみましょう。

不定形な形に巻き付ける
不定形な素材にモールを巻き付けて飾ることもできます。

短くなったモールはどうするの？

別の用途などに使えるように容器を分けておくこともアイデアの一つです。色ごとに分けておいたり、同じような長さのものを揃えるように、子どもたちに伝えることも大切です。

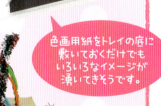

色画用紙をトレイの底に敷いておくだけでもいろいろなイメージが湧いてきそうです。

段ボールに割り箸などを使って、穴をあけます。捻ったモールを刺してみましょう。1本で立たせたり、組み合わせたり、くぐったりといろいろな形で立体的な作品を作ることができます。
通したモールの端は布テープで留めます。

異なる色のモールと組み合わせながら捻ると、カラフルなモールに早変わりします。

材料 粘土

粘土
片栗粉粘土・米粉粘土・油粘土・紙粘土・土粘土

育ちのポイント
- 粘土遊びの面白さは、感触遊びや手指・体全体を使った活動へと展開することができるところです。屋外の土や砂、泥遊びとも関連することができます。
- 粘土を握ったときや操作（丸める・細くする・つなげるなど）によってできる形の偶然性を生かしたり、自分が思い描いたイメージを立体として表現することができます。
- 粘土の量を増やすことで、友達との協同遊びへ広げていくことが可能です。

種類

乳幼児の造形では、次のような粘土を使います。
- 小麦粉、米粉、片栗粉、寒天など、家庭にある粘性が高い食材を使った粘土
- 紙粘土・油粘土など人工的な粘土
- 天然粘土

人工粘土	天然粘土
小麦粉・米粉粘土 片栗粉粘土　紙粘土　油粘土	土粘土

アレルギーと粘土の気を付けるポイント
アレルギーを起こしやすい食物性の材料に小麦粉があります。小麦粉の代用として米粉がありますが、アレルギー反応が全くない材料ではないため注意が必要です。また、天然素材である**土粘土も土に含まれる金属やホコリ、細菌などがアレルギーの原因**になる場合があります。

防腐剤・カビについて
市販粘土の多くには、材料の劣化や腐敗を防ぐために防腐防カビ剤が入っています。小麦粉・米粉・片栗粉で粘土を作る場合は、腐敗・カビに気を付けましょう。

片栗粉粘土

片栗粉粘土とは？
片栗粉を水で溶いた粘土です。

特徴
片栗粉粘土は、粘土のような造形はできません。水で溶いた片栗粉は、スライム状になります（ダイラタンシー現象）。水分が完全に蒸発すると元の粉状に戻り、水を加えて繰り返し遊ぶことが可能です。グルテンを含まない片栗粉は、**アレルギーの心配が少ない**粘性素材です。

米粉粘土

米粉粘土とは？
米粉・塩分・水で作った粘土です。

特徴
小麦粉に比べてアレルギーの心配が少ないことや万が一誤食しても事故が少ないこと、水の分量で粘土の硬さを調整できることが重宝され、低年齢児でよく使われています。粘土が柔らかいうちは繰り返し遊ぶことができます。

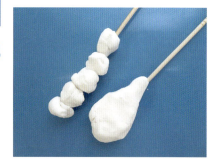

油粘土

油粘土とは?
カオリンや石膏などの天然鉱物を、ワセリンなどの鉱物油、ヒマシ油などの植物性油で練った人工粘土です。

特徴
乾燥しないためいつでも製作ができます。土粘土のように練り直す必要がありません。粘土のきめが細かいので、細工などに向いています。3歳児以上の保育でよく使われています。

紙粘土

紙粘土とは?
紙の繊維を練って作った人工粘土です。

特徴
幼児期から小学校にかけての造形活動ではよく使われています。軽量粘土、テラコッタ風粘土（乾燥すると焼き物風になる粘土）、石粉（天然石の粉）が入っているものまで様々な種類があります。一度固まると形が崩れないため、3歳児以上の作品展などで使われています。ペットボトルなどと合わせた工作が可能なものがあります。

土粘土

土粘土とは?
0.002mm程の粒子が細かく粘性の高い土のことを指します。地層から採取される粘土は、焼き物用の粘土として、他の油粘土などと区別するために土粘土と呼ばれています。

特徴
焼成するまでは、水を加えて柔らかくし、何度もやり直しができます。

使い方

片栗粉粘土

着色は？
着色は食紅、絵の具を使います。
口の広い容器（お風呂の桶やバケツなど）を使うとこぼれにくいです。

準備するもの
● 手拭き雑巾

表現遊びのアイデア
ビタミン飲料を混ぜるとブラックライトで光る液状粘土になります。ブラックライトを片栗粉に当てて遊んでみましょう。

米粉粘土

着色は？
低年齢児では食紅を、4、5歳児では絵の具を使います。絵の具を使う場合は、入れすぎないように注意しましょう。

準備するもの
● 粘土べら ● 手拭き雑巾 ● 霧吹き ● 型

※粘土を踏んづけたりすると取れにくいので、ブルーシートを敷いておくとよいでしょう。

低年齢児の場合は、誤飲や用具を口に入れるなどの事故防止のために、道具を用いないで感触遊びから始めてみましょう。手指を軽く押しつけたり、伸ばしたりする感触や形の変化を楽しみます。

身近な道具を粘土べらとして使ってみよう
身近なフォークやスプーンを粘土べらとして使ってみましょう。粘土を切ったり模様を描いたりするのに便利です。

飾りの素材を用意しよう
手でこねて遊ぶという遊び方以外にも、割り箸やストローで模様や穴をつけたり、突き刺したりと可塑性（変形した形が残る）を生かした造形ができます。
アイロンビーズやビー玉、小枝、どんぐり、マカロニなどの材料を粘土に組み合わせて表現することもできます。

粘土を管理するには？
米粉粘土や片栗粉粘土は、雑菌が混ざるため長期間の保管ができません。冷蔵庫で保管するか、使い終わったら生ゴミと一緒に廃棄しましょう（冷蔵庫の保存は長くても3日間程度です）。

粘土を廃棄するには？
小麦粉・米粉・片栗粉粘土は、家庭の生ゴミとして処理することが可能です。

表現遊びのアイデア

米粉粘土をつくってみよう

❶1人あたり150〜300g程度の米粉を用意します。
❷塩を少量加えます。※塩…防腐効果
　着色する場合は食紅(粉状)または絵の具で着色します。
❸食用油を少量入れて、水を少しずつ加えながら練っていきます。
　※水、油…乾燥を防いだり滑らかさを出します。

食紅や絵の具を入れたり、2色の粘土を混ぜると、マーブル模様ができます。絵の具を使う場合は、入れる水を少し減らします。

丸いお団子を何かに見立てて遊んだり、へらなどで切ったりして遊びましょう。

着色した米粉粘土を混ぜ合わせて、粘土板の上で伸ばしてみましょう。

紙コップなどに入れて、アイスクリーム屋さん、お餅屋さんなど簡単な見立て遊びをしてみましょう。米粉粘土を詰めて絞る道具などを使うと表現が広がります。

粉で遊んでみよう

黒い画用紙の上で米粉を広げて指や割り箸、櫛などを使って模様を描いてみましょう。

とろ〜りペインティングに挑戦!

多めの水で溶いた米粉に絵の具を入れると、とろみがある絵の具ができあがります。大きい紙の上に、この絵の具を垂らして指で伸ばして遊んでみましょう。

使い方

油粘土

着色は？
水との相性が悪いため、絵の具での着色は難しいです。粉絵の具や、食紅ならば練って混ぜ込むことができます。

準備するもの
● 粘土べら　● 粘土板　● 型

粘土板は必要か？
粘土を練ったりする際には粘土板を使った方が、周囲は汚れにくく、片付けがしやすいというメリットがあります。しかし、粘土板がない方がダイナミックな活動に発展しやすいです。

遊びが途切れない油粘土
油粘土は、腐敗したり固まることがないため、いつでも遊びを始めることができる粘土です。途中で遊びを止めても、保管用の箱に入れておけばいつでも続きができます。気温が高い場所や手のぬくもりで、粘土が柔らかく扱いやすくなるのも特徴です。柔らかくなった状態では、伸びやすく粘土同士がくっつきやすくなります。

どれくらいの分量を準備すればいいの？
幼児の活動で用いる油粘土は、500g～1kg程度のものが多いです。
分量が少なすぎると、思い描いたことが表現しにくくなります。

粘土遊びが終わったら…
油粘土の汚れは、油汚れの洗浄用の台所洗剤などが適しています。
よく落ちるようにお湯で台所洗剤を溶かしたものを使うときれいに落ちます。
テーブルや粘土板も使い終わったら、台所洗剤を使ってスポンジやブラシで軽くこすってお湯で洗い流します。
また油粘土は、途中で遊びを止めても続きができるため、平面的な作品ならば粘土板を立てかけることもできます。
<mark>油粘土は、硬化しないため、作品を保存しにくい粘土です。作り終わったら写真で記録しておくとよいでしょう。</mark>

粘土を管理するには？
油粘土は油脂が含まれているため、夏など気温が高くなると柔らかく、冬はやや硬くなります。
硬くなった粘土はビニール袋に入れて温かい場所に置くと使いやすくなります。

粘土を廃棄するには？
不燃ゴミとして処理することが可能です。

4〜5歳児ができる粘土べらを使った表現遊び

幼児用粘土べらには色んな種類のへらがあります。先端がとがったへらは細かい穴をあけたり、線を引いたりするへらです。平たい形のへらは、少し大きめの穴をあけたり四角い窓の形に穴をあけることができます。
櫛刃になっているへらは、粘土の表面をひっかいたり、表面を突いて模様を作ったり、両手でへらをはさんで回し模様を描くことができます。
いろいろな使い方を考えてみましょう。

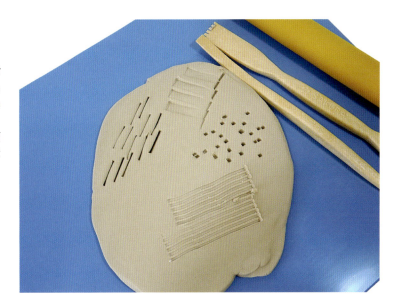

粘土をきれいに切る道具「しっぴき」を作ってみよう

短く切った丸棒や割り箸（長さを半分に切ったもの）を2つ用意します。30cmくらいの凧糸（1mm以下の太さ）の両端を、棒の真ん中の位置でそれぞれ結んだら「しっぴき」のできあがりです。
棒を両手で持って、糸をピンと張って粘土に押しつけると、きれいに粘土を切ることができます。

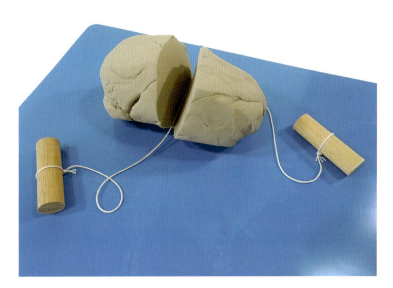

100円均一で手に入るもので造形してみよう

100円均一のフォークやスプーン、めん棒、クッキーの型、絞り器は粘土の遊びでも使えます。フォークやスプーンは粘土べらに、めん棒は粘土伸ばしに、クッキー型は型抜き遊びに使うことができます。

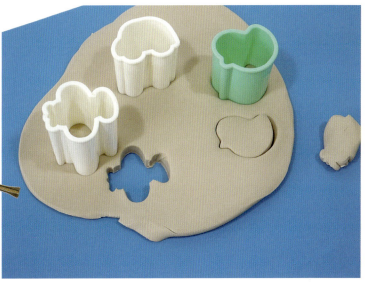

粘土遊びの導入

手指でできる粘土の運動を組み合わせるといろいろな表現ができます。これらの動作を組み合わせたり、用具を使うといろいろな表現を楽しむことができます（粘土遊びの展開です。操作の発達ではありません）。

手指で楽しむ
1. 触る
2. トントンと叩く
3. 指や手の平で押す
4. 手で握る
5. 指でつまむ
6. 引っ掻く

粘土を足したり引いたり
1. ちぎる
2. 丸める
3. 細くする
4. ねじる
5. くっつける
6. 穴をあける

材料・用具をつかって
1. 切る
2. 重ねる・積む
3. 模様をつける
4. 型どりをする
5. 材料を埋める
6. 材料を差し込む

表現遊びのアイデア

低年齢児ができる粘土遊び

のびのび体操

粘土を手の平で細くしてみましょう。細くなった粘土をどんどんつなげるとどんな形になるでしょうか？
ギザギザな線や丸、波形、渦巻きなどいろいろな形遊びができます。

お団子競争

丸めたお団子を粘土板の上にいくつ作ることができるかな？
お団子を積み上げるとどのくらいの高さになるか、挑戦してみましょう。

> 表現遊びのアイデア

4～5歳児ができる粘土遊び

面白い！水に浮く粘土を使って、つくってみよう

市販されている油粘土の中には、水に浮く粘土もあります。
粘土べらやしっぴきなどを使って、水に浮く粘土で遊んでみましょう。

型どり粘土でスイスイ

粘土板の上に、クッキングシートを敷いて、めん棒で伸ばした粘土をクッキーの型で抜きます。いろいろな形の型を抜いて水の上に浮かべてみましょう。
粘土に穴があいていても水に浮かべることができます。

魚をつくる

数個の小石を粘土の中に入れます。小石の数や大きさは、何度か水に入れてみてちょうど粘土が半分沈むくらいに調整しましょう。
水の中でバランスをとりながら、尾びれをひねり出しで作ります。粘土を足すと浮力が変わって水の中でバランスが取りにくくなります。目玉を大きめのビーズで付けたら魚の完成です。

舟を浮かべてみよう

粘土の固まりから粘土べらを使って舟のように中身をくり抜いてみましょう。
竹串や爪楊枝と色画用紙で帆を作ると、風を受けて進みます。
バランスよく水に浮かせることができるかな？

使い方

紙粘土

着色は？
食紅、絵の具、マーカーを練り込んだり、乾燥後は紙と同じように水彩絵の具やアクリルガッシュで着色できます。

準備するもの
- 粘土べら
- 型
- 粘土板
- 手拭き雑巾
- ビニール袋

乾燥時間は？
乾燥すると収縮し、硬化します。乾燥により割れが生じないような粘土もあります。紙粘土の乾燥時間は、粘土の厚みや形、気温によって左右されますが、およそ4、5日で硬くなりはじめます。完全に乾燥させるには10日程度かかります。

表現遊びのアイデア

低年齢児ができる粘土遊び

粘土をにぎって、こねて簡単製作！美味しいお寿司づくり

軽量粘土と色画用紙などを使ってお寿司を作ってみましょう。

❶ 水性顔料マーカー（ピグマックスなど）を使って段ボールに着色し、お寿司のネタをあらかじめ作っておきます。段ボールは少し丸めておきます。のりは黒い色画用紙を使いましょう。

❷ お寿司のしゃりはストローを使って表現します。水性顔料マーカー（ピグマックスなど）を紙粘土に押しつけ着色した後、練り込むと染色することもできます。

❸ できたお寿司をお皿に乗せたら完成です。

粘土を管理するには？
紙粘土は密閉し、少し水分を足してから空気をできるだけ抜いて保管します。

粘土を廃棄するには？
紙粘土は可燃ゴミとして処理することが可能です。

表現遊びのアイデア

4～5歳児ができる粘土遊び

芯材にして

ペットボトルや割り箸、木の枝などにもくっつきやすい紙粘土があります。
芯材にして動物などを作ってみましょう（P.27を参照）。

軽量粘土で遊ぼう

粘土クリームをプラスチック容器に入れ、お花紙やアイロンビーズで飾り付けをしてパフェを作ってみましょう。
紙コップや波形段ボールと組み合わせるとスイーツが作れます。

粘土クリームの作り方

粘土に入れる水は、メーカーによって粘土に含まれる水分量が若干違うため、調節が必要です。目安としては、90gの紙粘土にペットボトルキャップ2杯（15cc＝大さじ1杯）の水を加えて、冷凍保存用のジップ付きビニール袋に入れ、よく揉みほぐします。
クリーム状になるように様子をみて少しずつ水を足しましょう。

均等に混ざったらビニールの端をはさみで切って、絞り出すと粘土クリームができます。使い終わったら、切り口をゴムで縛っておくと、しばらく使うことができます。

使い方

土粘土

着色は？ 焼成絵の具や釉薬で着色できます。

準備するもの
- 粘土べら
- 型
- 粘土板
- 手拭き雑巾
- 霧吹き
- ビニール袋

乾燥時間は？
乾燥し硬化します。乾燥したものは水を加えて再生が可能です（焼成前）。
乾燥した粘土は焼成することで焼きものになります。一度乾燥した粘土には、新たな粘土の付け足しができません。粘土が固まる時間の目安は、14日程度です。焼成する場合は、しっかり乾燥させましょう。

「どべ」を使って、粘土同士をくっつけてみよう

土粘土で造形をする際、粘土同士を接着するには「どべ」を使います。
「どべ」とは、土粘土を水でケチャップくらいになるよう溶いたものです。

「どべ」は接着面から少しはみ出すくらいに付けるとよいでしょう。
櫛を使って接着面に傷をつけておくとしっかりと付けることができます。

「どべ」を使って、絵を描いてみよう

粘土に多めの水を加えて作った「どべ」を使って、黒い画用紙に絵の具のように、絵を描いてみましょう。
土粘土は乾燥すると乾いて画用紙から落ちてしまうので、でんぷんのり（または木工用接着剤）などを少し加えるとよいでしょう。粘土は乾燥すると白くなります。

何度も繰り返して利用してみよう

土粘土の特徴は、焼成（焼き物のように窯で焼くこと）前であれば、完全に乾燥してしまっても、砕いて水を加えて練ってやると何度でも再生利用ができます。

さらさらの粉になったものは、ぴかぴか泥団子の仕上げ土としても使うことができます。

粘土を管理するには？

土粘土は密閉し、少し水分を足してから空気をできるだけ抜いて保管します。土粘土は乾燥してしまっても、水を加えることで何度でも再利用ができます。

粘土を廃棄するには？

土粘土は焼成しなければ土に返します。

表現遊びのアイデア

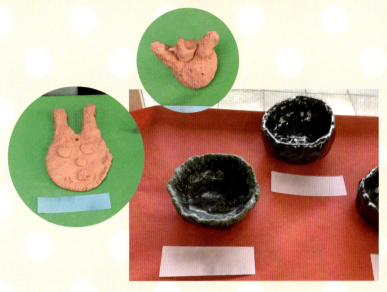

粘土の粘性が苦手な子どもには…

乾いた粘土を使う

粘土遊びで、粘土の粘性に馴染めない子どももいます。土粘土に触れる前に、砂に関わる活動や乾燥した粘土に、少しずつ水を加えて粘土を作る活動にも取り組んでみましょう。

乾燥した粘土に水を加えると、柔らかい粘土に戻ります。

砂に関わる活動

◀どろんこ遊び

葉や小枝と関わる活動

砂の上に並べたり飾ったりする▶

天然の粘土を探してみよう

スコップとバケツを持って粘土を探してみましょう。
園庭の土を深く掘ってみると色が変わって粘性の高い土が出ることがあります。
水を入れたバケツにこの土を入れてしばらく置いておくと、うわ水が浮いてきます。
うわ水と土との境目（矢印のところ）が粘土の成分です。

地域連携で素焼きを楽しむ

園の近くの陶芸工房や焼き物教室を探してみましょう。こうした施設では、粘土を焼く（焼成できる）窯を置いている場合があります。土粘土の特性は焼くと茶碗のように硬くなることです。1度の焼成でできる素焼き（800℃で8時間程度）でも、粘土の面白さを体験できると思います。素焼きをする場合は、素焼き用の粘土を使います。

材料 　飾る
メタリックテープ・メッキテープ

育ちのポイント
- キラキラ光るフィルムテープは、光が当たる角度によって、金属のように光って見えるため、華やかさや金属感を必要とする表現に最適です。
- ビニールやペットボトルなどの透明素材と組み合わせると表現が広がります。

使い方

テープの中で裏面に粘着剤があるものと無いものがあります。粘着剤の有無で用途が異なるため、購入前には必ず確認しましょう。

粘着フィルムテープ（メタリックテープ）

準備
- テープホルダーに入れて使うと、セロハンテープのように使いたい分量に切って使うことができます。

接着は？
紙素材などに貼ることができます。ビニールテープやセロハンテープよりも、素材が伸びにくいため、曲面よりも平面に使うときれいに仕上がります。

非粘着フィルムテープ（メッキテープ・ミラーテープ）

準備
- 活動に応じてテープを一定の長さに切っておきましょう。
- テープが転がらないように箱に入れて管理しましょう。

接着は？
紙テープと同じように使うこともできます。テープ同士を接着する場合は、セロハンテープや両面テープなどがよいでしょう。

種類

カラーバリエーションは？
金や銀を始め赤、青、緑などのカラーバリエーションがあり、ホログラムの模様が入っているものもあります。
キラキラと光を鏡のように反射して、表面に光沢があります。
メッキテープやミラーテープと呼ばれるものは、裏面に粘着剤が付いていないテープが多く、表裏で色が異なるものもあります。

テープの耐久性は？
直射日光が当たる場所に保管すると変形や劣化する場合があります。
ポリエチレン系のミラーテープは、柔らかく熱に弱い特徴が、PET系のテープは耐久性に優れコシが強い特徴があります。

材料 飾る マスキングテープ

> **育ちのポイント**
> - 使いたい長さのところまでテープを引き伸ばし、手で切って使うため手の協応動作ができる時期に最適です。
> - 模様や色調、テープ幅も豊富なため、手軽な装飾テープとして使うことができます。
> - 失敗しても何回か貼り直しができます。

使い方

準備

テープホルダーに入れて使おう！
- テープホルダーに入れて使うのであれば、2.5cm以下のテープホルダーを選ぶとよいでしょう。

まっすぐ切れるテープホルダーもあります。

造形活動でマスキングテープを使うには？

貼って剥がせる色素材としての利用や、絵の具やクレパスなどのマスキングとして使えます。また貼って剥がせるため、仮留めテープとしても使えます。

一般的なものは、和紙にアクリル系粘着剤が塗布されたものです。和紙でできているため簡単に手でちぎることができます。

種類

マスキングテープとは？

マスキングテープの本来の用途は、塗装時の養生用テープとして工事現場などで使われてきました。
テープに印刷されたものではなく、ホームセンターなどで入手できる一般塗装用のマスキングテープは比較的安価です。
テープ幅も6mm～50mm以上のものが揃っています。

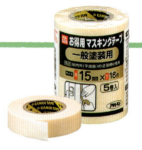

身近になったマステ（マスキングテープ）

近年、マスキングテープは粘着性が弱く、貼って剥がせるという特性から、付箋紙と同じ文房具としての人気が高まっています。
紙素材のため、プリント柄のものや、1辺ずつシールを剥がして使うもの、幅が狭いものから広いものまで様々なバリエーションがあります。

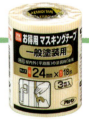

> **マスキングテープに書ける筆記具**
> 表面に水分をはじく加工をしているものが多いので油性マーカーを使いましょう。

表現遊びのアイデア

色素材として

色や柄のバリエーションが多い素材のため、シールのような使い方ができます。紙コップや紙皿、ビニール袋などにも色を使った装飾として活用ができます。

マスキングとして

色画用紙にマスキングテープを貼って、その上からクレパスや絵の具などを塗ってみましょう。マスキングテープは、テープを剥がすときに紙を傷めないように、粘着力が低いものを選びます。
テープを剥がして模様を楽しんだり、剥がしたテープを別の紙に貼ってみましょう。

剥がしたテープを再利用

貼ったり剥がしたりを繰り返して

シールを貼ったり剥がしたり、繰り返して遊ぶ時期の子どもの造形素材として、事務シールやビニールテープと同じように色数を生かして使うと楽しい活動になります。

シール遊びを楽しむ

窓にお絵かきして楽しむ

装飾素材として

模様が入ったマスキングテープは、カードの装飾やストライプ模様に使うことができます。

材料 ビニールテープ 飾る

育ちのポイント
- 接着テープの中でも伸縮性に優れ、曲面への接着に適しています。また、耐水性があるので、水を使う場面での接着にも向いています。
- テープに柔軟性があり、色が豊富なため、劇遊びの衣装の飾りとして使えます。

使い方

接着は？
ビニールテープは伸縮性があり、他の粘着テープと比べてしなやかです。
手で引き伸ばして貼ることもできますが、テープが伸びた部分から粘着が剥がれてくることが多いため、はさみなどで必要な長さを切って使う方がよいでしょう。
牛乳パックなどをシール台紙にして、ある程度の長さのテープを貼っておくと便利です。

> プラスチックに貼る場合は、テープの粘着力が弱いため、貼り直しができます（ただし何度も貼り直すと粘着が弱くなって剥がれやすくなります）。

種類

ビニールテープとは？
もともとは電気工事で電気の絶縁（電線の芯である銅線のつなぎ目にテープを巻いて電気が漏れないようにすること）を目的として使われているテープです。ビニールテープの中には、燃えにくいものや温度が低くてもしっかりと素材に粘着するものもあります。

ビニールテープの特徴は？

ビニールテープは、可塑剤を入れて軟らかくした塩化ビニルを基材に接着剤が塗布してあります。軟らかいので引っ張れば伸び、曲面に貼るのに便利です。
テープ幅は1.9cmで10m程の長さが多く市販されています。テープ幅が3cm以上のものもあります。
色のバリエーションが豊富で、赤系、青系、緑系、黄・茶系、透明、白、クリーム、黒、蛍光色などがあります。

ビニールテープ活用の注意

ビニールテープの活用は、次の2つの点を注意しましょう。

乳児の玩具などへの利用
ペットボトルなどのキャップが緩まないように、ビニールテープを巻いている手作り玩具があります。短く切ったビニールテープが剥がれ、誤飲する可能性があるため、飲み口にテープを巻いた上からキャップを閉めるなど、乳児の手にテープが触れない工夫をしましょう。

幼児の造形活動で
テープの粘着面には接着剤が塗布されています。アクリル系接着剤は皮膚への刺激が少ないと言われていますが、**ビニールテープを顔（特に目や口など）に貼ったりしないようにしましょう。剥がすときの皮膚刺激でかゆみが出る場合があります。**
また、ビニールを柔らかくする可塑剤や熱が接着剤を劣化させるため、時間とともにベタつきが出ます。長時間貼る場合は、定期的に貼り直しが必要です。

表現遊びのアイデア

平らなところに貼ってみよう

あらかじめ短く切ったビニールテープを空き箱や段ボールなどに貼って遊んでみましょう。事務シールやクラフトパンチで作ったシールと組み合わせると遊びが広がります。

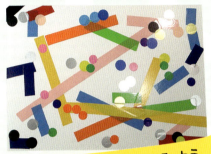

柔らかい素材感と豊かな色味を生かして

ビニールテープは重ね貼りをすることで、いろいろな組み合わせができます。伸縮性があり色数も多いので、ビニール袋を組み合わせると衣装の飾りとして使うことができます。
新聞紙を棒状にしてビニールテープを巻き付けると輪投げの輪を作ることができます。

曲がったところに貼ってみよう

ビニールテープは曲った面にも比較的シワが寄らないで貼ることができ、耐水性もあります。
ラップの芯などに巻き付けると劇遊びの小道具などに使うことができます。
牛乳パックやペットボトルなどの素材に貼って屋外で水がかかるようなところや、道具の装飾にも使うことができます。
ペットボトルキャップを2つビニールテープでつなげて、コマのようにして回すこともできます。

キャップゴマ

引き伸ばして貼ってみよう

凸凹な面や不定形な面にビニールテープを引き伸ばして使ってみましょう。新聞紙や梱包用のプチプチシートを丸めてビニールテープをグルグルと巻いて塊を作ったり、プチプチシートを細くしたりすると立体作品も作れます。
ゴム風船にビニールテープを貼って、静かに空気を入れて膨らますと硬い風船ができあがります。

風船にビニールテープ

新聞紙の上からビニールテープ

プチプチシートの上からビニールテープ

材料 事務シール

飾る

育ちのポイント
- シールを好きな位置に貼ったり、重ねたりする構成遊びができるため低年齢児でも楽しめます。
- 貼ったシールの周りにクレパスや水性マーカーで描くと表現が広がります。

使い方

準備
- ロール状になったテープは子どもが剥がしにくいため、テープホルダーに装着するか、剥離紙(シールセパレーター)を用意してシールやテープ類をあらかじめ貼って準備しておくとよいでしょう。この剥離紙は、コピー用紙の包装紙やクッキングシートなどツルツルしたものを使って作ります。

種類

事務シールとは？

事務書類などを整理するためのシールです。四角い無地のものや、丸いものなどがあります。形や色、大きさも様々なものがあるため、造形や工作などにも利用が可能です。
事務シールは、1枚ずつ取り出して貼ることができる巻き状タイプのものもあります。丸型で直径5mmから30mm程度のものをよく目にします。
色は、赤・青・黄・緑・白・黒といったものから蛍光色や夜光、メタリックなものまであります。

表現遊びのアイデア

いろいろな丸で遊ぼう！

▲並べて線を作ったり、重ねたり、構成遊びができます。

明るい色や暗い色の色画用紙を使って、形、色、模様を目立たせることができます。▶

◀水性顔料マーカー(ピグマックスなど)でいろいろな線を描いても面白い遊びができそうです。

飾りを楽しんでみよう！

事務シールは曲面にも貼ることができます。メッキテープやマスキングテープと組み合わせて、いろいろな模様を作ってみましょう。
紙コップの色付けにも使えます。

シールの「剥がし方」について
シールは、粘着が温度によって緩くなることを利用してドライヤーで温めながら剥がすときれいに剥がすことができます。また、時間が経ったシールは除光液を少し付けると剥がしやすくなります(プラスチックなどに限ります)。

用具

用具 くっつける セロハンテープ

> **用具を使うポイント**
> - 製作に必要なテープの長さを調整して使います。
> - セロハンテープを輪にして使うなど、貼り付ける場所によって貼り方を工夫します。
> - 接着したい場所から目分量で、必要なテープの長さを調整できるようになることで「目と手の協応」が育っていきます。

使い方

準備

- セロハンテープを使う場合は、テープカッターを使うと便利です。

刃の部分に注意

テープを切る際には、刃の部分に注意することを子どもに伝えることが必要です。

重みがあり安定感のあるものを

テープを引き出す際の反動を吸収できるように、ある程度重みのあるものがよいでしょう。
（倒れにくくなります）

電動テープカッターという、長さを自動で切ってくれるものもあります。テープの長さを調整しにくい場合は、電動テープカッターを使ってあらかじめ切っておくとよいでしょう。

セロハンテープに描くことができる絵の具・マーカー

- 工作ポスターカラー
- 油性マーカー
- 水性顔料マーカー

テープ台紙をつくってみよう

セロハンテープを使う長さの調整が子どもだけで難しい場合は、厚紙にクラフトテープを貼って、何度も貼って剥がせるテープ台紙を作ると便利です。

輪にして接着

セロハンテープの粘着面を表にして貼り合わせます。両面テープの代わりに接着することができます。

短く切って接着

接着したい場所が、立体や曲面の場合は、セロハンテープを短く切って使います。テープを貼る場所は、少しずつ間隔をあけて貼るとしっかり接着ができます。

しっかり包んで接着

ストローや割り箸など、棒状のものを貼り付けるとき、すき間ができないように、しっかり包んで接着します。

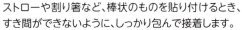

種類

セロハンテープの構造

基材であるセロファンやポリプロピレンに、粘着剤が塗布されています。メーカーによって違いはありますが、次のように大別できます。

- 植物系に天然ゴムを塗布したもの
  植物繊維であるパルプを加工して作ったセロファンを基材に、天然ゴムから作った接着剤でできているため、安全性は高く、エコロジーに配慮したテープですが、天然素材だけに数年で劣化します（黄色く変色したり、粘着がベトベトになったり剥がれたりします）。
  長期的な接着などは、下記の石油由来のテープがよいでしょう。
- ポリプロピレンに粘着剤を塗布したもの
  ポリプロピレンを基材としたテープはOPPテープと言います。少し酸っぱい臭いがします。

セロハンテープが使えない素材
- シリコン加工された紙（クラフトテープや両面テープの剥離紙など）
- クレパスなどの蝋成分が多い描画材の上
- 水分を含んでしまった紙

造形の色材でも使うことができるカラーセロハンテープ

造形活動で主に工作で使われる透明のテープで、テープ自体に色が着色してあるテープもあります。
透明感がある造形材料と組み合わせた表現に使うことができます。

セロハンテープをきれいに剥がすには？
一気にテープを捲らないで、ゆっくり剥がしたり、粘着が弱まるようにテープを暖めてから剥がしたりします。
紙に貼ったセロハンテープは剥がしにくいのですが、素材によってはきれいに剥がすことができます。

セロハンテープの粘着剤を除去するには？
ガラスやプラスチックなどにセロハンテープが強力に付いてしまった場合は、定規などを使ってセロハンの部分を先にこそいで剥がすとよいでしょう。残った粘着は、次のような方法でも剥がすことができます。
- ガムテープのような粘着性が高いテープを、ガラスなどに残った粘着の部分に貼ったり剥がしたりを繰り返して剥がす。
- マニキュア除光液やリムーバーで剥がす（プラスチックの場合は溶解する可能性があるので注意が必要）。
- 消しゴムを使って粘着剤をこすって落とす。
- 固形クリーナーを使う（P.92参照）。

接着の時間短縮・強力接着に便利な両面テープ
貼って剥がすことのできる粘着が弱いものや屋外でも使える強力な粘着のものまで様々な種類があります。また、紙以外の素材（布・プラスチック・皮革・木材・金属）に使用できるものもあります。
テープカッターが使いづらいので、テープ台紙に必要な長さや太さのテープを貼っておくと便利です。

用具 くっつける 粘着テープ

> **用具を使うポイント**
> - 布テープとクラフトテープの違いを理解して使いましょう。
> - 粘着テープを使う材料や粘着の強さに応じてテープを使い分けましょう。
> - テープの色を生かしたり、テープの貼り方・重ね方を工夫してみましょう。

使い方

準備
- テープの接着力が弱くならないように、使う前に、接着面の水分やゴミ・汚れなどを取り除いておくことが重要です。

段ボールを組み立てる

仮留めをしてからテープを貼るとズレずに貼ることができます。

貼りたい位置にテープを当てて、段ボールの上を滑らせるように動かすと、きれいに貼れます。

十文字やH、米貼りなどテープの貼り方を工夫すると箱の強度が変わります。

貼って剥がせる段ボールの組み立て方

布テープを剥がしたい場所に、養生用テープを先に貼っておきます。その上から布テープを貼ります。

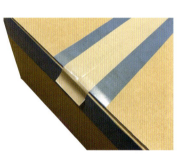
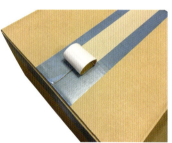

テープを使い分けよう

場所や用途に応じて使ってみましょう。

▲養生用テープでブルーシートの仮留めに。

▲紙に透明粘着テープを貼った上から布テープを貼ると、テープを壁から剥がしても、紙が破れません。

▲布テープの豊富な色数を生かして材料の分類に。

表現遊びのアイデア

牛乳パックや段ボールなどの接着に大活躍

◀牛乳パックを適当な長さに切り、口があいている部分を組み合わせてブロックのようにします。布テープをぐるっと巻いて模様をつけてみましょう（牛乳パックブロックの作り方P.37を参照）。

▲牛乳パックを縦方向に半分に切り分けて布テープで色を付けたり、硬い紙筒に巻いて小物の整理箱を作ってみましょう。

▲大きな段ボールに丸や四角の窓をあけたら「ポットン落とし」のできあがり。窓にヒントになる色のテープを貼ってみましょう。

種類

布テープ

| 支持体 | 布 | 粘着力 | かなり強い | 上から描く | 描ける（油性マーカー）|

- **強力な粘着力**
  ゴム系の粘着剤を使用。金属やプラスチックでは貼ってしばらくの間、剥がすことが可能。
- **手で切れる**
  支持体に布を使っているため、繊維にそって手でちぎることができます。

クラフトテープ

| 支持体 | クラフト紙 | 粘着力 | 強い | 上から描く | ラミネート加工なしのみ描ける |

- **あらゆる素材を接着**
  ゴム系の粘着剤を使用。金属やプラスチックでは貼ってしばらくの間、剥がすことが可能。
- **布テープより安価**
  大量に使用する場面では、クラフトテープの方が安価に製作できます。
- **テープの表面は2種類**
  樹脂ラミネート加工されたもの（ツルツルしているもの）とラミネート加工がされていないもの（手触りがクラフト紙のままのもの）があります。
  ラミネート加工あり…油性や水性マーカーでテープの上から描くことができません。
  ラミネート加工なし…上から描けます。

透明粘着テープ（OPPテープ）

| 支持体 | 透明フィルム | 粘着力 | 強い | 上から描く | 描ける（油性マーカー）|

- **粘着力が強く、耐水性に優れる**
  水に濡れても大丈夫なので、破れたブルーシートや穴があいたビニール袋も修理することができます。
- **透明度が高い**
  テープを貼った後が目立ちにくいという性質があります。

養生用テープ

| 支持体 | フィルムクロス | 粘着力 | 弱い | 上から描く | 描ける（油性マーカー）|

- **仮留め用テープ**
  粘着力が弱く、テープ跡を残さず簡単に剥がすことができます。
- **手で切れる**
  テープに繊維が含まれており、手でちぎっても断面は直線的になります。

粘着テープをきれいに剥がすには？

ドライヤーなどで温めながら剥がします（紙や厚紙以外のものに有効）。
粘着テープは、粘着剤が完全に硬化しないため、温めながら剥がすと比較的きれいに取り除くことができます。

粘着テープの粘着剤を除去するには？

シール剥がし（シールクリーナー）、固形クリーナーを使うか、マニキュアなどの除光液を粘着剤に塗ると、きれいに落とせます。
粘着テープをはさみで切ったり、粘着テープが長時間貼られた場所は、粘着剤が接着面に残る場合があります。
シール剥がし液、除光液ははさみなどのプラスチックに触れると溶解させる可能性があるため注意が必要です。

用具 くっつける のり

> **用具を使うポイント**
> ● のりは水溶性のものが多く、手に付いても水ですぐ流せるため低年齢児でも使えます。
> ● 使いたいのりの分量を自分で調整して使えるようにしましょう。

使い方

準備

● 接着する面にホコリなどが付いていないか確認しましょう。

のり台紙として、新聞紙などを使うと汚れにくいでしょう。

手が汚れてもすぐに拭けるように水に濡らした雑巾などを用意しましょう。

利き手に応じて位置を変えてみましょう。

1. 接着対象によってのりの量を調整

使うのりの量は、接着したい部分に合わせて調整します。でんぷんのりの場合は、指で適量すくい伸ばす使い方が一般的です。

● のりが多すぎると…
　乾燥が遅くなったり、素材からのりがはみ出てしまいます。のりの厚みで接着面がずれてしまうことがあります。
● のりが少なすぎると…
　のりを使っている間に接着面がどんどん乾燥していき、接着した部分が外れてしまいます。

2. 接着後は押さえる

のりを付けた後の押さえ方は、シワがよらないように伸ばします。

● 中央から空気を外に逃がすように押さえます。貼り付ける紙が厚い場合は、柔らかいタオルなどを使って紙の上から力をかけて押さえるとよいでしょう。
● 紙の端から空気を少しずつ抜きながら貼るとシワが少なくなります。

> **広い面は、刷毛塗りが便利**
> 画用紙や段ボールなどの広い面積に貼る場合には、刷毛を使うと便利です。刷毛は、毛が抜けないか確認して使います。のり1に対して水2〜3の割合で薄めて使います。

でんぷんのりの薄める目安
接着するものによって、のりの濃さを調整しましょう。
1:1 ケチャップ、マヨネーズ
1:2 飲むヨーグルト
1:3 濃い口ソース

グループ製作をするときは…
プラスチック容器（口が大きくあいているもの）や皿を使うとよいでしょう。牛乳パックで、のりを入れる容器を作ることもできます。使い終わったらラップで密閉するとしばらく使えます。

乾燥

のりが乾燥するまでに、紙同士がくっついたりしないようにしましょう。
のりを付けた部分が少なければ、保育室に紐を張って洗濯ばさみで作品を挟んで乾燥させます。
のりが多い場合などは段ボールの板と牛乳パックなどを使って簡易の乾燥棚を作って、作品を並べてみましょう。

種類

主に紙をつなげる接着剤

でんぷんのり

- 主成分 でんぷん
- 水分量 かなり多い
- 乾燥までの時間 かなり長い

● 植物由来の成分
　昔ながらの手法で作られています。
● 薄めて使える
　分量のおよそ2倍から3倍に薄めても接着の強さは大きく変わりません。
● 乾くまでに時間がかかる
　実際の指導では乾燥時間も踏まえて指導手順を考える必要があります。

張り子のお面などはでんぷんのりを薄めて使った方がきれいに仕上がります。

▲本格的な工作に挑戦「張り子製作」

▼色とりどりの折り紙を画用紙に

液体のり

- 主成分 PVA（ポリビニルアルコール）
- 水分量 多い
- 乾燥までの時間 長い

● 接着力は強いですが、一度貼ると貼り直しができません。
● 素材に塗りやすく、手が汚れにくいです。

のりが出てくるスポンジが固まりやすくなったら、使い終わったときに、濡れたタオルで拭いておくとよいでしょう。

スティックのり

- 主成分 PVP（ポリビニルピロリドン）など、合成樹脂
- 水分量 少ない
- 乾燥までの時間 短い

● コピー用紙や色紙などの薄い紙に接着する際にシワが寄りにくいです。
● 貼り直しができたり、接着剤に色が付いており、塗ったところが分かりやすくなっているスティックのりもあります。

テープのり

- 主成分 アクリル酸エステル樹脂
- 水分量 かなり少ない
- 乾燥までの時間 短い

● 両面テープに近い性質を持っていますが、両面テープよりも接着しても厚みが出にくいです。
● 時間が経っても劣化しにくいです。
● 貼り直しができるものもあります。
● テープカートリッジを取り替えて使うものもあります。

用具 くっつける 接着剤

用具を使うポイント
● 様々な素材をくっつける造形活動や、活動の準備、備品の補修などあらゆる場面で使用する接着剤ですが、接着剤ごとに特徴があります。安全性や得意とする接着対象などを考えて使い分けしましょう。

使い方

準備
- 接着面はホコリや汚れがないようにきれいにします。
- 木材はよく乾燥させておきましょう(水分を含んでいると接着力が低下したり、後で剥がれたりします)。
- 金属を接着する場合はサビを落としておきましょう(サンドペーパー、溶剤など除去した後は、水洗いし乾燥させます)。
- 表面保護・防サビの保護油が付いた金属、樹脂分の多い木材、竹などはアルコールで拭いて油分を落としてから、水洗いし乾燥させます。

割り箸、綿棒、刷毛や筆で塗りましょう。

はみ出したところは、水で濡れたタオルで拭き取るときれいに仕上げることができます。

刷毛や筆を使う
少し水で薄めた方が使いやすいことがあります。絵の具を入れて着色することもできます。筆の使用後は、水でやさしくもみ洗いをするか、しばらく水につけてからしっかりと洗い流すとよいでしょう。

表現遊びのアイデア

木工用接着剤を使った表現

版の紙の上から擦るときは、やさしくね!

▲ 木工用接着剤で模様を描いて、塩をかけます。塩の上から絵の具を静かに染みこませます。

▲ 下描きの線の上を木工用接着剤でなぞります。乾燥したら版画のようにローラーで絵の具を付けて刷ります。

木工用接着剤が手や服に付いたときは?
接着剤が乾燥する前に、水やお湯で石けんを使い洗い落とします。薬用アルコールなどを使う場合は、水で溶いた後に石けんと水でよく洗い落としてから、ハンドクリームを塗っておくとよいでしょう。
服に付いたときは、水やお湯を使ってよくもみ洗いをし、繊維の奥に接着剤の成分が残らないようにしっかりと洗います。

種類

木工用接着剤（酢酸ビニル樹脂系）

木工用接着剤は、紙・木・布などの素材に適した接着剤としてよく知られています。水が染み込むことのできる素材に使うことができ、乾くと白い乳液状であったものが透明に変化します。サインペンや絵の具などで色を付けることができます。

木工用接着剤に絵の具を混ぜると…
水彩絵の具1：木工用接着剤5：水1の割合で混ぜると、ガラスなどに描くことができる絵の具ができます。

工作用接着剤

いろいろな素材を接着

ボンドタッチは木工用接着剤の仲間で、ペットボトルに紙を貼ったり、ガラス、金属、牛乳パック、ビニールなどにも接着することができます。

▶ ボンドタッチ素材別接着強度表

	紙	木	牛乳パック(表面)	フェルト	PET	発泡スチロール	金属	ガラス
紙	◎	◎	◎	○	○	◎	◎	◎
木		◎	○	○	○	◎	◎	◎
牛乳パック(表面)			◎	○	○	◎	◎	◎
フェルト				○	○	◎	◎	◎
PET					○	◎	◎	◎
発泡スチロール						◎	◎	◎
金属							○	○
ガラス								◎

持っておくと便利！

一般的に水分を吸収しないプラスチックやビニールは接着が難しいとされています。専用接着剤で接着しましょう。

一般的に接着が難しい材料
● シリコーン樹脂　● フッ素樹脂　● ポリエチレン
● ナイロン　● ポリプロピレン　など

合成ゴム系・合成樹脂系接着剤
ゴム・皮革・金属など強力に接着

ゴムや皮革、金属に対し強力な接着力を発揮します。しかし、有機溶剤を含んでいるため、発泡スチロールやビニールに使うと素材が溶けてしまうので用途には注意しましょう。

エポキシ樹脂系接着剤
プラスチックのおもちゃ修理などに使用

接着面に弾力があるため、瞬間接着剤より衝撃に強いという特徴があります。用途に応じて使い分けましょう。

シアノアクリレート系接着剤
瞬間的に強力接着

乾燥時間が非常に短く、接着力も強力ですが、耐水性、耐衝撃性に劣ります。

皮膚や手に付いた場合
体質によりかぶれが生じる可能性があるため、使用時はゴムやポリエチレン手袋を使いましょう。いずれも硬化前なら溶剤類で拭き取れますが、なるべく使わずにお湯と石けんを使います。

衣類に付いた場合
基本として汚れてもよい服装で作業しましょう。皮膚や手に付いたときと同じように、溶剤を使うことで除去できる場合がありますが、衣類の繊維を傷めることがあります。溶剤を使う場合は、衣類の目立たない場所に溶剤を少しだけ塗って変色・変質などの様子を確認します。

指同士が接着してしまった場合
瞬間接着剤専用のリムーバーか、マニキュアの除光液でとりましょう。
※接着剤が目に入った場合
手などで目をこすったりしてはいけません。水で十分に洗い流し、すぐに医師の手当てを受けてください。

用具 くっつける ステープラー

用具を使うポイント
● ステープラーは事務用品です。接着剤よりも手軽に紙を固定することができます。

使い方

曲面への接着が簡単

紙コップの曲面に画用紙をくっつけるなど、曲面への接着が手軽に早くできます。

牛乳パックのトンボを作るときも便利です。
ストローを留める際に使います。

紙をつなぐ

幅が狭い紙は針無しステープラーを使って紙をつなぐこともできます。

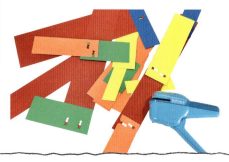

針を使わないステープラーでも同じように輪ゴムを留めることができます。

針の外し方

セットで使うと便利な用具「リムーバー」

綴じる紙の材質によっては、針が紙を貫通しないことがあります。
一度綴じてしまった針は、リムーバーを使って紙から引き抜いてから、紙のサイズに合わせてワンサイズ大きいステープラーを使いましょう。

針の廃棄方法
リムーバーで外した針は大変危険です。カッターナイフの刃と同じようにまとめておくとよいでしょう（紙を留めた針は、そのまま燃えるゴミとして処分できます。針を紙から外すと無くしやすいため注意が必要です）。

ステープラーの針は危険？

安全への配慮
ステープラーの針は、1つ1つがのりでつけられたカートリッジタイプのものが一般的です。針の大きさも紙を綴じる量やステープラーのサイズに応じて異なります。こうした針を使うタイプのステープラーは、保育の現場では誤飲や針が手指に刺さるなどの事故につながるため、使っていない園もあります。

誤飲を防ぐためには
子ども一人で使うことが無いようにしたり、紙を挟まない状態でステープラーを空打ちしないようにしましょう。

針で怪我をしないためには
造形実践で使う場合、針の部分にテープを貼るなどして指でひっかけないようにしましょう。

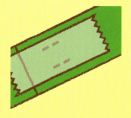

種類

針を使うステープラー

針を使うステープラーは、多くの紙を綴じる大型のものや、携帯用の小さいもの、製本用のものなど多くの種類があります。保育の現場では、紙コップや牛乳パックなどいろいろな素材の工作に使われています。

紙を綴じた際に、図のように針の先の部分が平らになるものがあります。

従来のタイプ
フラットタイプ

大型
200枚を綴じることができるものもあります。

小型
携帯性に優れ、軽い力で綴じることができます。

製本用
冊子の中綴じができます。

紙を使うステープラー

針の代わりに紙の帯を使って紙を綴じるステープラーです。
20枚程の紙を綴じることができます。

のり
断面イメージ

針を使わないステープラー

重ねた紙に穴をあけて綴じるステープラーです。
10枚程の紙を綴じることができます。

今後の保育現場でのステープラー

子どもも使える針を使わないステープラーは、綴じる際には紙に穴があいてしまうという欠点はありますが、針を購入しなくてもよいため経済的です。紙の帯を使うステープラーと比較しても本体の値段が安価です。また、ステープラーで綴じる場所を少しずらして何回か綴じることで、強力に紙を留めることもできます。今後は、こうした針を使わないステープラーを、造形活動で活用する場面も増えていきそうです。

用具 描く 絵の具

用具を使うポイント
- ローラーや手に絵の具を付けて描くなどのダイナミックな活動から、筆を使った繊細な色彩表現が可能な描画材です。
- 低年齢児では色に親しんだり、混ざり合ってできた色や形(なぐりがき)を楽しむ活動にも使われます。
- 心身の発達とともに、絵の具遊びから形や思いを描いた絵画表現、マーカーやクレパスと組み合わせた工作など段階に合わせた様々な活動ができます。
- 活動の内容(共同製作など)や着色する材料により絵の具の量や、マット水彩、ポスターカラー、アクリル絵の具といった種類を使い分けましょう。

使い方

準備
- 絵の具で汚れてもよいように、新聞紙を敷いたり、服装に注意しましょう。
共同製作の場合はブルーシートを敷いておきましょう。

絵の具を使う環境は？

共同や個人製作に関わらず、絵の具の活動で使う用具は、次の4つです。

絵の具を入れる容器
絵皿、混色用のパレット、個人用のパレットなど。

筆・スポンジ・ローラー類
幼児用の柄が短い丸筆10〜18号、平筆25mm〜40mm。

筆洗
個人製作では仕切りがあるものがよいでしょう。

雑巾
筆の水分を拭き取ったり、片付けに使います。

共同絵の具を使うポイント

絵皿・梅皿を使ってみよう
絵の具を入れる皿、混色用トレイは、複数用意しましょう。絵の具を少量使う場合は、梅皿が便利です。

スタンプ台をつくってみよう
スタンプ遊びをする際には、プラスチック容器にスポンジや雑巾を底に敷いて、絵の具を染みこませてスタンプ台にします。染みこませる色を異なるスポンジで作るとグラデーションになります。

絵の具の溶き方
下絵の線が見えるようにするには薄く、スタンプ台の場合は、乾燥を早めるため濃いめに絵の具を調整します。

個人絵の具セットを使うポイント

チューブから使いたい色の絵の具をパレットに出して用意をしておきます。

筆洗は水入れに仕切りがあるものを用意し、筆に付いた絵の具を落とす場所と、きれいな水で洗い流す場所を使い分けます。

水を合わせる / 筆をすすぐ / 筆を洗う

筆先を下に向けた際に、絵の具が落ちない程度に含ませます。パレットの端で筆先を整えてから使い始めます。

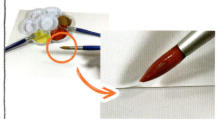

種類

ポスターカラー（不透明水彩）
共同絵の具でもよく使われています。乾くと重ね塗りができます。色の発色が鮮やかで、塗ったときに色むらができにくい絵の具です。被覆力（描いた画用紙などの下地の色を隠す力）に優れています。色で塗りつぶす表現に向いています。

工作ポスターカラー（不透明水彩）
ペットボトルや牛乳パックなど、いろいろなものに描ける発色が鮮やかなポスターカラーです。非吸収面では水で洗い落としやすく、用具の後始末も簡単です。

ゆびえのぐ（不透明）
アレルギー物質が含まれていないので、絵の具を直接指や手のひらに付けて使うことができます。手に付いた絵の具は水できれいに洗い流すことができます。

アクリル絵の具（不透明）
紙以外の素材（布、ペットボトル、木材など）にも着色が可能です。乾くと耐水性になります。

		ポスターカラー		ゆびえのぐ	アクリル絵の具
		ポスターカラー	工作ポスターカラー		
絵の具の種類					
洗濯性		△ 色が残る	○ 洗濯で落ちやすい	○ 洗濯で落ちやすい	× 落ちない
耐水性		×	×	×	○
着色性	石	×	●	●	●
	ビニール	×	●	×	●
	プラスチック	×	●	×	●
	牛乳パック	×	●	●	●
	発泡スチロール	×	●	●	●

表現遊びのアイデア

指で描いてみよう
バットや大きめの溶き皿にゆびえのぐを出し、筆を使わないで画用紙に直接描いてみましょう。ゆびえのぐをバットに伸ばして指でひっかいてから、絵の具の上に薄い紙をおいてそっとめくると、版画ができます。

はじき絵を楽しもう
絵の具を使う前に、クレパスやクーピーペンシルで下描きをすると、描いた線が絵の具をはじいた表現ができます（バチック技法）。絵の具を多めの水で溶いて薄めて使うことがポイントです。

タンポで描いてみよう
タンポを使って点々や線を描いてみましょう。絵の具の色ごとに様々な大きさのタンポを作ってみましょう。工作ポスターカラーを使うと、紙以外の材料にも使うことができます。

絵の具の成分と化学物質
絵の具は、色素（顔料）とメディウム（接着材、保湿剤など）で作られています。指で直接描く絵の具は、アレルギーや皮膚刺激が少ない材料で作られていますが、顔や体などに塗らないようにしましょう。

用具
サインペン・マーカー 描く

用具を使うポイント
- 筆圧が弱くても濃くてしっかりとした線が描けるので、低年齢児が使う最初の画材として向いています。
- 描く材料によって水性と油性のマーカーを使い分けましょう。
- 使い終わったら、きちんとキャップを閉めましょう。

使い方

準備
- 水性マーカーを使用する際は、濡れ雑巾を準備しておくとよいでしょう。汚れたところを拭き取れます。

表現遊びのアイデア

お気に入りの色のマーカーで いろいろな丸を描いてみよう

腕を大きく動かして大きな丸を描いたり、小さなかわいい丸を描いてみましょう。「ぐるぐる」「くるくる」「ぐるん、ぐるん」と声を出しながら描いてみるといろいろな丸が描けます。

水性マーカーで 水を使って滲ませてみよう

色んな色で点や線を描いた後に、霧吹きなどで水を吹きかけてみましょう。にじみ絵ができあがります。

▲ペン先を潰さないように、コーヒーフィルターやキッチンペーパーに、そっと水性マーカーの先を当てると、紙がジワッとインクを吸います。

油性マーカーで ステキな透明カップをつくろう

油性マーカーはプラスチックなどにも描くことができます。
色んな色を使って、透明カップに模様を描いてみましょう。
※油性マーカーを使用する際は換気を行いましょう。

▶カップの溝に沿って線を描いてみたり、好きな模様を描いてみましょう。テープやシールなどの材料を組み合わせると表現に広がりが出てきます。光が当たる場所において飾ってみましょう。

細字と太字どっちがいいの?
線による描画表現が中心の発達段階では、線がはっきりと認識できる太いマーカーを、視覚的な再現性が高く、細かく描くことを楽しむ発達段階では細いマーカーも併用するケースが多いです。また、絵の具を併用する場合には不透明な水性顔料マーカーか水で落ちない油性マーカーを使うとよいでしょう。

種類

マーカーのしくみ
マーカーは繊維の毛細管現象によって繊維に染み込んだインクをチップの先へ引き出しています。

マーカーの種類

水性
色材を水で溶かしたもの。
- 水に溶けて、にじみやぼかしの効果ができます。乾燥しても水で濡らすと滲んでしまいます。

油性
色材を揮発性溶剤で溶かしたもの。
- 水に強い性質があるので、絵の具との併用も可能です。

インクの種類

染料 水に溶け、自然な色合いです。
顔料 水に溶けず、色味がはっきりしています。

```
                水性                    油性
          (水に弱く、にじみやすい)   (水に強く、固着性が高い)
           ┌──────┴──────┐         ┌──────┴──────┐
          染料          顔料        染料          顔料
      (透明感がある) (色がハッキリしている) (透明感がある) (色がハッキリしている)
```

- ペンカラーツイン幼児用
- サインペン幼児用
- ピグマックス幼児用
- マイネーム
- マッキー
- ペイントマーカー

主な造形材料		水性マーカー		油性マーカー	
		染料	顔料	染料	顔料
紙類	画用紙	◎	△ ピグマックス◎	△ にじみやすい	△ にじみやすい
	厚紙・段ボール	◎	◎	◎	◎
	牛乳パック	×	○ 乾きにくい	◎	◎
	紙皿・紙コップ	○ 表面のみ	○ 表面のみ	◎ 表裏も可	◎ 表裏も可
プラスチック	ペットボトル	×	○ 乾きにくい	◎	◎
木材	木・竹	△ にじみやすい	◎	△ にじみやすい	◎
布	織物・不織布など	× 洗濯すると落ちる	× 洗濯すると落ちる	△ にじみやすい	△ にじみやすい
金属	アルミ箔、缶など	× 手でこすると落ちる	○ 乾きにくい	◎ 透明	◎ 不透明

乳児と誤飲について

〈キャップの誤飲〉
誤飲窒息事故を防ぐために、キャップに穴があいていて、通気が確保されているもの（国際規格ISO11540適合）がよいでしょう。

〈インクの誤飲〉
乳児が間違ってインクをなめたりしても安全性が確保できているもの（ヨーロッパ安全基準：EN71-Ⅲ適合）があります。

インクが肌や服に付いてしまったら

水性
肌に付いた場合…洗顔石けんなどを使って洗います。
布に付いた場合…固形石けんで落とすと比較的きれいに除去できます。

油性
肌に付いた場合…ぬるま湯でクレンジングオイルを使って洗います。
布に付いた場合…付着したらすぐにクレンジングオイルや除光液を使って洗浄するとよいでしょう。布などに付いたインクは完全に除去することが難しく、時間が経つと落ちにくくなります。

肌や服に付いても水で落ちやすいマーカー
特殊な水性インクを使用しているため、肌や服に付いても色が落ちやすいものもあります。

用具 ✂切る✂ クラフトパンチ

用具を使うポイント
- 紙に穴をあけるだけでなく、パンチした型も使うことができます。
- 大きさや種類が豊富なので構成遊びの材料作りにピッタリです。

使い方

準備
- 薄い紙の場合、効率よくパンチができるように紙を短冊状にし、ステープラーで留めておきます。ラシャ紙のような厚みがある紙は1枚ごとにパンチした方が紙詰まりしません。

飾りの材料づくり

クラフトパンチで使える紙は?
クラフトパンチに適した紙はコピー用紙2枚程度(四六判100～160kg)の紙です。色紙やトランスパレントのような薄い紙は、紙が撚れやすく詰まる場合があります。4枚程度重ねるか、コピー用紙や新聞紙で挟んでからパンチをしましょう。また、湿気を帯びていないか確認をしましょう。撚れて詰まる原因になります。

厚めの紙をパンチするには?
（厚めの紙はおまかせ）
画用紙・色画用紙など厚みのある紙は、パンチを押すのに力が要ります。写真のような補助具を使うと、軽い力でもパンチすることができます。
小さいサイズのものは、パンチの大きさに合わせたアダプターが市販されています。

紙を詰まらせないように…

穴あけパンチは、刃物と同じように使い続けたり、誤って硬いもの(ステープラーの針など)を剪断してしまうと、刃の一部が欠けたり、紙詰まりが起きやすくなります。シリコン系スプレーを使って定期的なメンテナンスをすることで比較的長く使うことができます。

刃のメンテナンスをしよう
綿棒にシリコン系スプレーを染み込ませたものを、紙を剪断する部分(○印のところ)に塗布し、シリコンが金属に馴染むように、数回刃を動かします(一度に何度も塗布すると、パンチする紙に染み込んでしまうので、少量で十分です)。
塗布した後に、紙にシリコンが染みていないことを確認しましょう。

もし、紙が詰まったら…
パンチに紙が詰まったら、無理に押さないで少し厚手の紙やクリアフォルダなどを使って紙を挟む溝を掃除するか、ピンセットを使って紙を取り除きます。
取り除いたらメンテナンスをするとよいでしょう。

紙を噛んでパンチが戻らない!
金づちなどの柄の部分を使い、○印のところを軽く押すか叩くようにします。

種類

書類を綴じたりするために使う2つ穴のパンチは、事務用品でよく目にします。
穴あけパンチの仲間で、クラフトパンチは様々な大きさや形があります。こうした用具の活用やパンチした紙を使った造形活動（構成遊び）を考えてみましょう。

穴あけパンチ

直径6mm程度の小さな穴をあける用具です。
事務用品で利用されるものはほとんどこのサイズです。

クラフトパンチ

丸い形以外に四角や三角、動物や植物などもあります。
複雑な形のもの、切り口が入り組んだ形のパンチは、紙が詰まりやすいため、紙の厚みや種類に気を付けましょう。

紙の角におしゃれキラリ！

クラフトパンチの中には、紙の真ん中に穴をあけるだけではなく、紙の角（端の部分）にも飾りを入れることができるものもあります。
工作で要らなくなった紙の角にこれを使うと、飾りの紙に大変身します。

表現遊びのアイデア

構成遊びの形づくりをしてみよう

色紙を2回折ったものをパンチすると同じ形を4つ作ることができます。
いろいろな形をパンチしてタマゴのパックに入れておくと構成遊びの材料ができます。
あまりに小さい形は貼りづらいので、子どもの育ちに合わせて大きさを選びましょう。

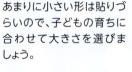

色紙シールをパンチしてみよう

色紙シールをパンチするとシール遊びに使える材料を作ることができます。シールセパレーター（段ボールにクラフトテープを貼ったもの）にいろいろなシールを貼っておくと使いやすいでしょう。
シール色紙には、接着剤が塗布されているので使い終わったらクラフトパンチの刃の部分を除光液で軽く拭いておくと接着剤がきれいに落ちます。

用具 カッターナイフ 切る

用具を使うポイント
- 大きな紙や厚めの紙（段ボールなど）を切ることができます。
- 定規や型紙などを使って、一度にたくさんの紙を作ることができます。

使い方

準備

刃は折り目が1または2が出る程度

カッターマットを使いましょう。
※無い場合は厚紙で代用します。

カッターナイフ用の定規を使いましょう。

- 厚紙などを切る場合は、刃が折れやすいので、出し過ぎないように注意しましょう。

- マットを使うことで材料が動いたり、カッターナイフの刃先が折れることを防ぎます。

- 紙を重ねて直線で切る際には、カッターナイフ用の定規が便利です。

持ち方

一般的な大きさのカッターナイフは、鉛筆持ちです。刃を繰り出す本体に人差し指が乗るように持ちます。
カッターナイフを支えない薬指と小指、手首を使って、材料を押さえるようにします。

刃を真上から見て、左右にぶれないようにします。材料に対して直角になるように意識しましょう。

材料の持ち方

材料を持つ手は、カッターナイフの刃が進む位置に置かないように気を付けましょう。

切り方

直線は金属の定規（鋼尺）か、カッターナイフ用の定規を使いましょう。
厚みがある材料は一気に切らないで、弱い力で何回も切ります。
定規を押さえる手にしっかりと力を入れて、カッターナイフを持つ手は材料に垂直に刃が当たるように軽く持ちます。

曲線はカッターナイフをゆっくり引いて、材料を動かしながら切ります。

刃先をこまめに点検しよう

折るタイミングは刃先が欠けたとき
刃先が欠けていると、紙が縮れてきれいに切れなかったり、力が入りやすいので危険です。

折った刃先は危険

ペットボトルに集め、金属ゴミとして処分
散乱しないようにします。

種　類

段ボールを切るカッターナイフ

段ボールカッターには、グリップタイプとスライドタイプがあります。
スライドタイプのものは、刃が出る量を調節して使うことができます。

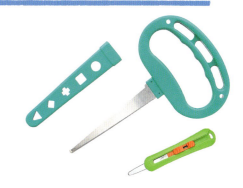

段ボールカッターを使うときの5つのお約束
1. スライドタイプは、刃先をロックしてから使います。
2. カッターナイフを持つ手の肘が体から離れすぎないようにしましょう。
3. **友達同士で向き合って使わないようにしましょう。**
4. **材料を持つ方の手が、刃先に近付かないようにしましょう。**
5. 使わないときは刃先のキャップを付けたり、刃先が本体から出ないように注意しましょう。

壁面製作にあると便利なカッターナイフ

曲線を切るカッターナイフ

刃を折らないものが多いので、刃先を交換して使います。
細いカッターナイフは、鉛筆を使うように持ちます。

細かい作業に向いているカッターナイフ

一般的に事務用品として使われており、ねじ式とスライド式があります。
刃が錆びにくいステンレス製の替え刃もあります。ステンレスは材質が硬いため、厚みがある紙を切るときに使います。

刃をプラスチックで覆い、安全性を高めたカッターナイフもあります。

円を切り抜くサークルカッターナイフ

コンパスを使うように円を切ることができます。
きれいに円を切るには、真ん中の針をしっかりとカッターマットに刺して、紙を回しながら切ると、切り始めと切り終わりが揃います。

持っておくと便利！

大型カッターナイフ

発泡スチロールや厚紙、ベニヤ板などの硬い材料を切る際は、刃をロックできるカッターナイフを使うと安全に切ることができます。
割り箸や小枝などの細い木材を削ることもできます。

ペットボトルを切るカッターナイフ

500mlや1lの円筒形のペットボトルを切るカッターナイフがあります。ペットボトルを丸い枠に通して切ります。
ペットボトルを入れ物として使う際に便利です。

用具 切る
はさみ

用具を使うポイント
- はさみの導入は、利き手が決まる時期が目安です。
- はさみの指導の系統性を組み立てましょう。
- はさみを使う楽しさと安全性を一緒に伝えましょう。

はさみと発達
線に沿って正確に切ったり、自分が切りたいと思った形を切るには、はさみに慣れたり試したりしながら操作を修得する必要があります。操作には個人差があるため、訓練的にならないように遊びながら、身に付けることが重要です。

使い方

はさみの用途と名称をみてみよう
素材に応じたはさみの使い方をしましょう。
硬い素材（厚みがある紙など）を切るときは支点に近い刃の部分（つけ根）で、薄い素材を切るときは刃先を使って切ります。

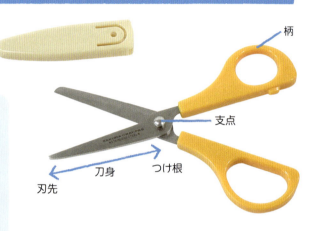

子どものはさみを選ぶ6つのポイント
大人が使うはさみと子どもが保育活動で用いるはさみは、形や大きさが違います。子どもの手の大きさに合ったはさみを選びましょう。
- 刃先が丸く、刀身にカバーが付属（安全性）
- 刀厚が1.5mm〜2mm（堅牢性・安定性）
- 刀身はステンレス製（堅牢性・耐久性）
- 刀身が44mm〜55mmで、重さが35gまでのもの（安全性・安定性）
- はさみを何度か動かしてスムーズに動く（安全性・安定性）
- 柄（持ち手）の壊れにくさ（堅牢性・耐久性）

はさみを使う利き手
はさみを持つ手には利き手（持ちやすく、操作がしやすい手の向き）があります。
3歳前後で利き手が表れ、左右の利き手が反転を繰り返し、やがて確定していきます。
日本では、左利きよりも右利きのはさみを使う子どもの割合が高い傾向があります。
切りにくそうにしている子どもには、一度左利き用のはさみを、試しに使ってみるように声を掛けてみましょう。

持ち方

柄の小さな穴の部分に親指を、大きめの穴には中指・薬指を入れてはさみを持ちます。人指し指は柄の輪の外で持つとはさみが安定します。
まだ手が小さい子どもの場合は、小さい方の穴に親指、大きい方の穴に人差し指と中指を入れるのがおすすめです。

切り方

はさみを持つ手は、ひじを体に引き寄せて操作をします。

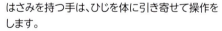

ポイント
はさみは、紙に対して垂直に刃を向けないと切ることができません。柄の部分に、油性マーカーで印を付けておいて、この印が常に自分から見えるように持つように伝えましょう。

| 初めての はさみ | はさみには様々な使用法があります。発達の度合いに合った使い方を、遊びを通して身に付けましょう。 |

1回切り

はさみを1回だけ開閉させて紙を切り落とす「1回切り」に挑戦してみましょう。

作品「おおきなあじさい」
【準備するもの】
- あじさいの台紙（色画用紙）
  （直径14cmくらいの紙皿でも可）
- あじさいの花
  （色紙を細長く4等分したもの、数本）
- はさみ
- のり ※のりの使い方（P.76）

【作り方】
4等分した帯状の色紙を1回切りで切り落とします。あじさいの台紙に貼り付けたらすてきなあじさいのできあがり。

あらかじめギザギザはさみで葉っぱを作っておくとよいでしょう。

切りこみ・連続切り

はさみの刃先や刃の根元を使って、「切りこみ」や「1回切り」を繰り返す「連続切り」に挑戦してみましょう。

作品「七夕飾り」
【準備するもの】
- 七夕かざり（色紙）
- はさみ

【作り方】
色紙が帯状になるように2回折ります。はさみの刃の根元で色紙に切りこみを入れます。切りこむところは、あらかじめ線を引いてあげるとよいでしょう。切りこみが完了したら、紙がちぎれないようにゆっくり開いてみましょう。

色紙を折るとき、紙を立てて倒れる方に折りましょう（紙の漉き目はP.8を参照）。

曲線・くねくね切り

紙に描いた丸や、くねくねした線に沿って、はさみで切る「曲線・くねくね切り」に挑戦してみましょう。

作品「にじいろシャボン玉」
【準備するもの】
- シャボン玉の台紙（色画用紙）
- シャボン玉（色紙）
- クレパス（白など）
- はさみ
- のり

【作り方】
色紙にクレパスで好きな大きさの丸を描き、はさみで切り抜きます。のりを使って台紙に貼り付けたら、にじいろシャボン玉のできあがり。

線にそっていろいろな形をはさみで切り抜いてみましょう。

はさみの「お約束」

ルールを守って安全に使うことを伝えましょう。

刃の部分を持って渡す

刃を閉じて、柄の部分を相手に向けて渡します。

ポケットに入れない

座ったりかがんだときに、刃で怪我をする可能性があります。

持ったまま走らない

はさみを持ったままで転ぶと大変危険です。

刃を開いたままにしない

製作中は、刃を開いたまま机に置かず、使い終わったら刃を閉じるようにします。ケースが付いているものは、ケースにしまいます。

紙以外のものを切らない

硬いものを無理に切ると、切りすぎたり刃が欠けてしまう恐れがあります。

人に向けない

はさみを使う場合は、自分と周囲の人との間に隙間ができるようにします。

種類

ステンレスはさみ

ステンレス鋼で作られたはさみは、錆びにくいだけではなく鋭い切れ味をもっています。
刃の材質に、モリブデン（MV）という特殊鋼を使ったはさみは落としても刃が欠けにくいため、小学生になっても長く使えるような耐久性があります。

フッ素はさみ

はさみの刃先にフッ素加工が施してあるものは、のりなどの接着剤が付きにくくなっています。

いろいろなはさみ

工作用はさみ

刃先の形状が真っ直ぐではない、ギザギザなどのはさみがあります。いろいろな形や大きさの紙をこのはさみで切っておくと、紙を使った構成遊びをするときに活躍します。

牛乳パックはさみ

牛乳パックを切るはさみは、刃先がギザギザになっており、刃が滑らないような構造になっています。

持っておくと便利！

はさみ研ぎ器

モールなどの柔らかい金属をはさみで切ってしまったときには、はさみ研ぎ器で刃を研ぐと切れ味が元に戻ります。

はさみクリーナー

クリーナーを刃先に塗って拭き取ると、セロハンテープなどの粘着をきれいに落とせます。

表現遊びのアイデア

はさみを使った簡単な造形

ギザギザはさみを使って素材をつくってみよう

紙を半分に折り、なだらかな山になるように切ります。切り抜いた紙を蛇腹折りにすると葉っぱらしくなります。紙の大きさや色を変えたり、できあがった葉っぱを、穴あけパンチで穴をあけると虫食いの跡なども表現できます。

くるくるヘビをつくろう

色画用紙にクレパスで渦巻き模様を描き、はさみで切りましょう。へびの頭に1つ穴パンチで穴をあけ、あけた穴に紐を通します。
【ポイント】
左利きの子どもには渦は逆向きに描いてあげると切りやすくなります。

いろいろな道具と組み合わせて

はさみ + 1つ穴パンチ

色紙を三角形に折って、さらに細かく折った後に、1つ穴パンチでランダムに穴をあけてみましょう。はさみで尖った部分を切ってみると、偶然にもいろいろな面白い形の造形ができあがります。できた作品をいくつか重ねたり、窓に貼って楽しみましょう。

はさみ + クラフトパンチ

ギザギザのはさみやクラフトパンチを使うと、複雑な形の素材を大量に作ることができます。別の画用紙にできた素材をのりで貼ってみると面白い造形あそびにつながっていきます。

はさみ操作のテクニック

一度にたくさんの紙を切ってみよう

材料として同じ形を作るには、1枚1枚の紙を切るのではなく、紙を何度か折り、ステープラーなどで角を留めてから切り抜きます。少し厚みがある紙などは重ねる枚数を減らすか、型紙を使って切り抜くとよいでしょう。紙コップなど丸いものを型紙に使うこともできます(P.16を参照)。

用具 ブラックライト 照らす

> **用具を使うポイント**
> ● ブラックライトは紫外線を放射するので、長時間にわたって活動をしたり、ライトの光を直接見ないように注意しましょう。
> ● ブラックライトを設置する際には、電源コードに足をひっかけないように養生テープで固定すると安全です。

使い方

ブラックライトを使った造形

糸の動きを楽しむ

部屋を暗くして、ホームセンターなどで購入できる水糸をブラックライトの下で動かしてみましょう。水糸は蛍光塗料が入っているものが多いため、ブラックライトの光が反射して光ります。

ペットボトルジョイントを使ってみよう

1ℓのペットボトル(できれば炭酸用のもの)に、水を半分くらい入れて蛍光塗料を溶かします。ペットボトルをもう1つ用意して、ペットボトルジョイントでつないでみましょう。ペットボトルを逆さまにすると蛍光色の水が光の渦になって落ちていきます。

蛍光シールで遊ぼう

黒い画用紙(工作用の厚紙)でビュンビュンゴマを作ってみましょう。コマの側面に蛍光色の丸い事務シールを貼って、ブラックライトの下で勢いよく回してみましょう。きれいな光の輪になります。
蓄光塗料を含むシールやテープを使うとブラックライトがなくても光ります。

蛍光アイロンビーズを使ってみよう

蛍光色のアイロンビーズをペットボトルに入れます。アイロンビーズがこぼれないように注意しながら、飲み口のいっぱいまで水を注いでキャップを閉めます。スパンコールを一緒に入れると、重さの違いで動きに変化が生まれます。

種類

ブラックライトはどういうライト？

紫外線を放射するライトです
紫外線は太陽光で波長が短く目で確認ができる光線です。

蛍光塗料などに反応して光らせることができます
白いシャツや使い終った葉書、お札などにも蛍光剤が入っているので、光を当てると面白いです。

蛍光灯型
蛍光灯型のブラックライトは、広範囲に光を当てることができるため、ブラックライトパネルシアターなどに向いています。

懐中電灯型
懐中電灯型のブラックライトは、狭い範囲で、比較的遠いところまで光を当てることができます。秘密の地図遊びのように、使うときだけ照らすような使い方もできます。

表現遊びのアイデア

ブラックライトを使ったおもちゃ遊び
蛍光シールと一緒に蛍光絵の具を使って造形を楽しんでみましょう。
うちわにもスタンプを押してみると、光るうちわができあがります。
蛍光色の色画用紙をシュレッダーで細かくしてブラックライトを当てて遊んでみましょう。

ブラックライトで光らせることができる描画材
- ボールサインムーンライト蛍光
- ペイントマーカー蛍光
- クレパススペシャリスト蛍光
- ニューサクラカラー蛍光

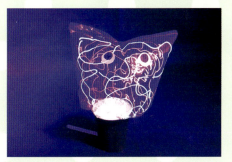

著者 **淺野卓司**（あさの たくじ）
桜花学園大学保育学部保育学科教授／名古屋市立大学人文社会学部心理教育学科非常勤講師
全国大学造形美術教育教員養成協議会　副会長
一般社団法人　愛知県現任保育士研修運営協議会　常務理事
大学美術教育学会　全国私学代表理事

〈主な著書〉
共著『DVDでわかる!乳幼児の造形』(2016)サクラクレパス
共著『保育現場と養成校のコラボレーション!実習生指導サポートブック』(2013)北大路書房
編著『「自分らしさ」をフルに発揮!0～5歳児の楽しさはじける表現あそび』(2012)明治図書
共著『この1冊でバッチリ成功!　学級担任の図工授業完ぺきガイド』(2012)明治図書
編著『手づくりおもちゃ・立体造形編（幼児の造形ニューヒット教材集）』(2012)明治図書
編著『絵画・造形あそび編（幼児の造形ニューヒット教材集）』(2012)明治図書
共著『ドキドキワクワクでみんなくぎづけ!3・4・5歳児の造形活動おまかせガイド』(2011)明治図書
共著『新幼稚園教育要領・新保育指針対応　子どもの表現力をグングン引き出す造形活動ハンドブック』(2010)明治図書

〈実践協力園（50音順）〉
学校法人名西学園　青山幼稚園（愛知県あま市）
社会福祉法人藤水福祉会　風の子藤水保育園（三重県津市）
社会福祉法人昭徳会　駒方保育園（愛知県名古屋市）
学校法人桜花学園　名古屋短期大学付属幼稚園（愛知県豊明市）

〈引用〉
文部科学省『幼稚園教育要領＜平成29年告示＞』(2017)フレーベル館

〈参考文献〉
竹井　史『作って遊べる子どものart Bookまいにちぞうけい115』(2017)メイト
『図画工作学習指導書　1・2上　用具・材料編』(2015)開隆堂出版
菅野　照造・堀井　真『おもしろサイエンス　接着の科学』(2013)日刊工業新聞社
竹井　史『ハッピー保育books⑧どんぐり落ち葉まつぼっくり製作BOOK』(2010)ひかりのくに

〈Educe「ほいスタ」〉
(https://educe-web.craypas.co.jp/index.php/m/contents_list?gf_ch=2)サクラクレパス

よくわかる!造形あそびの材料・用具

2019年11月22日　第1刷発行
著　者　　淺野卓司
発行者　　西村彦四郎
発行所　　株式会社サクラクレパス出版部
　　　　　〒540-8508　大阪市中央区森ノ宮中央1-6-20　TEL (06) 6910-8800（代表）
　　　　　〒111-0052　東京都台東区柳橋2-20-16　TEL (03) 3862-3911（代表）
　　　　　https://www.craypas.co.jp
　　　　　※本書に関してのお問い合わせは、弊社（大阪）出版部にお願いします。
　　　　　※落丁・乱丁の場合はお取り替えいたします。
印刷・製本　大村印刷株式会社
　　　　　●定価・本体価格はカバーに表示しています。
　　　　　ISBN　978-4-87895-252-4　¥1480E